你一定要學的
撩　　妹

How To make a girl chase you

心理學

凌雲 = 編著

想要把妹，就不要怕被拒

作家安·蘭德絲曾寫道：

男人最大的遺憾，通常就是面對讓自己怦然心動的對象，
卻因為畏怯忐忑，未能將心中的愛意表達出來。

如果你不想讓錯過的愛情成為心中永遠的痛，那麼面對喜愛的正妹，就必須放下忐忑不安的心，大大方方表現自己的心意。
千萬不要猶豫不決，也不要害怕遭到拒絕，如果你不適時放放電，又怎麼知道和對方來不來電？
想撩正妹，臉皮一定要厚，只要不患得患失，你就會恍然發現，其實對方並不像自己想像中那麼難追。

出版序 ・凌雲

你一定要學的撩妹心理學

女人對異性的追求顯得內向、深沉，而且羞澀和執拗。即使平時十分開朗、活潑的女人，在自己愛慕的男人面前也常常不苟言笑。

作家安‧蘭德絲曾寫道：「男人最大的遺憾，通常就是面對讓自己怦然心動的對象，卻因為畏怯忐忑，未能將心中的愛意表達出來。」

如果你不想讓錯過的愛情成為心中永遠的痛，那麼面對喜愛的對象，就必須放下忐忑不安的心，適時表達自己的心意。千萬不要猶豫不決，也不要害怕遭到拒絕，如果你不適時放放電，又怎麼知道和對方來不來電？

想撩正妹，臉皮一定要厚，只要不患得患失，你就會恍然發現，其實對方並不像自己想像中那麼難追。

男人想追求女人時，總是會被女人弄得暈頭轉向、迷迷糊糊，很難摸清楚女人到底在想些什麼。其實，這是因為還沒有瞭解女人的內心。女人的愛是被動的，即使很喜歡一個男人，在表達上也永遠比男人被動，這點女人與男人有很大的區別。

男人喜歡一個女孩子時，往往會比較主動，也比較勇敢，愛就是愛，不喜歡拐彎抹角，有時言行甚至還顯得有些魯莽，雖然令女人吃驚和不知所措，但女人就喜歡這樣。

　　女人的愛很被動，她們經常會採取等候的態度。

　　她會精心打扮自己，顯示出女性的魅力，以此來吸引男人的目光，希望心中期待的男人主動追求自己。即使男人還沒有採取明顯的態度來對她表白，至少她也希望男人在心裡是想著她的。

　　對於女人來說，如果有男人追求她，她對這個男人也頗有好感，也不會馬上答應男人的求愛，而是採取矜持的態度，會使男人朝思暮想，想方設法地繼續追求。如果男人依舊不放棄地苦苦追求，女人的心裡就會大受感動，最後再接受他的愛。

　　這樣女人看似被動，實際上還是掌握了主動權，比較能夠按照自己的意願行事。

　　女人在戀愛中，希望被人想念的心理，實際上也是因為女人怕自己對男人的表白遭到拒絕。

　　男人向女人表白愛意，會被視為有男子氣概的行為，因此即使遭到拒絕，也不會耿耿於懷。毅力堅強的男人，遭到女人的拒絕後，反而還會激發不達目的誓不罷休的決心。而且，男人的這種勇於追求、百折不撓的精神往往也是女人喜歡和欣賞的。

　　女人喜歡被男人追求、被男人放在心上、被男人用甜言蜜語包圍的感覺，這樣女人才覺得自己有價值。

　　但如果女人主動追求男人，通常會被視為自貶身價，甚至被看成輕浮之舉。如果她的求愛遭到男人的拒絕，她的自尊心會受到很大的傷害，有些女人甚至一生都無法釋然。

　　女人總是希望男人主動追求自己，最後再「被迫」答應男人的請求，這樣她既有面子，又可享受被人追求的種種快樂。

　　但並不是所有女人的求愛主動性都不高，一些相對起來外在

條件較差的女人，求愛的主動性通常就比漂亮的女人高。

　　女人對異性的追求顯得內向、深沉，而且羞澀和執拗。她們對愛慕的異性往往偷偷投去一瞥，常喜歡在他不注意的時候深情地注視他。即使平時十分開朗、活潑的女人，在自己愛慕的男人面前也常常不苟言笑，給人靦腆、矜持、窘迫的感覺，甚至還會故意迴避他。

　　女人懂得深藏自己的感情，對男人的追求，明明心理贊同，也不立刻表態，往往會故作姿態，說些假話隱藏自己的心態。

　　即使主動追求男人，也不會直接大方地讓他感受到，而是喜歡旁敲側擊，委婉、含蓄，慢慢讓男人懂得她的心思。

　　英國詩人丁尼生曾說：「寧願愛過而失去，也不要從未愛過。」

　　很多男人因為害怕遭到拒絕，遲遲不敢向心儀的對象表達愛慕之意；要是你也不敢將愛意表現出來，或許就在退縮的瞬間，真愛就和自己擦身而過。與其還沒有愛過就錯過，還不如提起勇氣，勇敢將愛意說進對方的心裡，就算遭到對方拒絕，至少也比沒說出口造成遺憾好上許多。

　　想要撩妹，長得帥不帥並不是重點，重點是你是否讀懂對方的心理，懂不懂她的言行舉止代表什麼意思。只要掌握撩妹心理學，適時展開攻勢，一定可以擄獲對方的心。

　　戀愛都是談出來的，假如你老是畏畏縮縮，只會傻笑流口水，對方怎會明白你的心思，又如何給你機會呢？

　　本書係《用心追，宅男也能把正妹》的全新修訂版，透過各種真實情境與例子，解說戀愛應該知道的技巧和訣竅，提供男性最正確、最有效的撩妹妙招，謹此向讀者說明。

Chapter 3
弄清女人的試探，就能通過考驗

女人提出的「偽裝的抗議」目的就是在試探你，
看自己喜歡的人會不會拒絕自己的反對意見，
是不是能夠容忍她、真的在乎她。

Chapter 4
外型不搶眼，就要有其他優點

外表平庸但卻善良的男人，
要先衡量一下自己究竟是哪裡吸引了對方，
究竟有沒有其他的優點
值得女人不介意自己的容貌。

Chapter 5
想追美眉，先學會讚美

如果你準備接近某個「哈」了很久的美眉，
想與她建立良好的關係，
或者表達自己的愛意，
首先就要學會讚美。

Chapter 6
想撩妹，就必須替自己製造機會

當你正要和心儀異性擦肩而過的時候，
最好立刻停下腳步，不要真的讓機會擦肩而過。
那種毫無準備的瞬間交集，
往往才是在兩人之間擦出火花的最佳時機。

Chapter 7
成為受女人歡迎的男人

要哄一個你不熟悉的女性高興，
贏得她的好感，
最簡單的方法就是稱讚她的外貌和氣質，
這一招屢試不爽，適用於所有女性。

Chapter 8
先觀察情勢，再發動攻勢

想發動攻勢，就得小心觀察情勢。
遇到多愁善感的女人，只要以誠相待，
她也同樣可以滔滔不絕地和你交流。

Chapter 9
男人能否猜透女人心

情場如戰場，男孩子應深諳「兵不厭詐」的道理，
對於女孩的語言，適時地運用反其道而思之的
逆向思維方法，在情場上就可以成功的俘虜女孩的心。

Chapter 10
要把愛意表達出來

你必須把她對你的重要性透過行動和語言
表達出來，讓她知道你最在乎的是她，
你需要她，重視她，關心她，
如此一來你才能夠順利追到她。

Chapter 11
打動女人心的基本攻略

最佳技巧是先接近她周圍的人。
其實每個人都很樂意炫耀自己知道的東西，
只要先打進她朋友的圈子，
買點零食賄賂賄賂她們，肯定得來全不費功夫。

拒絕只是矜持，
想愛就要堅持

女人第一次拒絕，並不代表宣佈「死刑」。

如果因此而退縮，

恐怕就真的要過與女人無緣的生活了。

你一定要知道的撩妹訣竅

觀察她常出入的地方，故意不小心撞到她，
接著再很驚慌地道歉、賠禮，並堅持留下對
方姓名電話，以便找機會補償贖罪。

　　渴望愛情是人的本性，仰慕漂亮的女人更是男人的特質，但
是，當心儀的異性出現面前之時，你應該如何才能掌握機會呢？

　　首先，你必須了解女人的心理究竟如何運作，第二步，則是
鼓起勇氣，厚著臉皮主動出擊，如此才能順利把到讓自己心動的
正妹。

　　等待，會錯失良機；主動，也許可以改變命運。

　　遇到心儀的對象，身為男人的你如果不懂得主動出擊而讓她
消失在茫茫人海中，恐怕只有繼續當宅男的份了。

　　男人一定要抱著「遇到好女孩，我一定去追」的想法，而不
是「下一個女人會更好」。當然啦，要踏出這一小步，是需要極
大的勇氣。告訴自己：「如果她拒絕我，我既不會死也不會少塊
肉，不如放膽去追。」

　　但如果膽子有了卻沒有好的方法，失敗的機率還是相當大，
所以要懂得運用適當的招數。

　・單刀直入

無招勝有招，坦白，有時是最上乘的計謀。走到對方面前自我介紹，或者直接表明想認識對方的企圖，讓她措手不及，卻也驚喜萬分。

「我知道這樣很冒昧，但如果我不鼓足勇氣來認識妳，我一定會遺憾終身。」說這些話之時，要有一副哥倫布發現新大陸的神情。

「妳願意跟我做朋友嗎？」最好，適時搔一下頭皮、搓搓手，讓對方以為你很木訥、拙於言辭。

別擔心會招來白眼，女人有時候是很虛榮的，只要你的態度不過於輕浮低俗，基本上這種陌生人的搭訕，對女人來說是一種極大的恭維。

除非你的運氣「好」到踢了鐵板，碰上個冰山美人，否則，會斷然拒絕這類抬舉和諂媚的女人，實在少之又少。

• 旁敲側擊

此招比上招含蓄許多，技巧也較難些。

一個有名的保養品廣告，男主角向一名女生搭訕：「小姐，妳很面熟……嗯，妳是我高中同學？」

此人善用本招已達爐火純青的程度，不僅達到搭訕的目的，也間接稱讚對方看起來很年輕，這種「寓阿諛於搭訕」的功力的確超絕。

我們以前見過面嗎？妳看起來很面熟？妳是王小姐嗎？妳高中在哪裡唸的？這些都是老掉牙的招數，分明侮辱對方的智商。

下次，你不妨改成：「小姐，請問妳的口紅是什麼牌子？」然後在對方還在錯愕時，緊接著現以羞澀的神情，誠懇地說：「我想買來送給我母親。」

如此一來，既表現你是個心思細膩、品味超凡的男人，懂得欣賞女人的香水口紅，並且也能夠不著痕跡地展露你感人肺腑的孝心。

見到女性，必須不忘稱讚的三個地方就是長相、服飾及內在修養，如此便能無往不利。

● 製造機會

小說或電影裡常有這樣的劇情：男主角在圖書館裡，不小心撞掉女主角手上的書，在撿書道歉的當下，四目交接，刹時天雷勾動地火，擦出愛的火花，這些招數也相當值得學習。

觀察她常出入的地方，假裝不期而遇，然後故意不小心撞到她，或碰翻她的杯子，接著再很驚慌地道歉、賠禮，並堅持留下對方姓名電話，以便找機會補償贖罪。如此一來，搭訕的陰謀不就得逞了。

這種方法雖嫌匠氣，也嫌心機太重，但最大的好處是，就算你的演技奇爛，那種拙拙呆呆的樣子，也許反而會讓她以為你很老實呢！

以上這些招數，使用何招或各種招數混合交替應用，全賴個人智慧去體會和運用。有時人算不如天算，被拒絕或碰了個釘子時，千萬不要輕易打退堂鼓。因為有些女人嘴裡說「不」，心裡說的其實是「是」，還有些女人搖頭的意思是：「不」反對。

所以，先確定對方是真心拒絕，抑或假意矜持，再決定採取更進一步的「死纏爛打」，或「鳴金收兵」另覓對象。

甜言蜜語對女人最有殺傷力

女人愛聽的話很多，但都離不開甜言蜜語。
如果想要追到心儀的女孩子，一逮到機會就
多對她說一些甜言蜜語。

　　每個人都有自己喜歡聽和不喜歡聽的話，想追求心儀的對象，就必須避開禁區，學會說些甜言蜜語。

　　當然，這是一個相對性的問題。如果是一個能言善辯、舌燦蓮花，口甜舌滑的男人，無論如何製造氣氛，如何甜言蜜語，女人也可能不會覺得他的話有多麼動聽感人；相反的，如果一個平時寡言木訥的男人，即使只是簡簡單單的一句「放心，有我！」也可能讓女人感動得一陣怦然心動。

　　由此可見，女人不感興趣的人，即使說一百句好話，女人也毫不關心，但只要心愛的人說上一兩句，就足以讓女人為此而歡欣雀躍了。

　　戀愛中的男人適當說幾句好話給女人聽，能讓女人感到開心而使這段感情更甜蜜。女人愛聽甜言蜜語，尤其是陷入了愛情中的女人。

　　女人總是希望愛人能對她說些她喜歡聽的話，並以此來證明對方是愛著自己的，是重視自己的。

　　在比較特別的日子裡，比如女人的生日、情人節等，你也許

知道該為女人準備一份驚喜，此時，如果能再加上一句「我愛妳」，相信對於女人的殺傷力，會比你想像的還要厲害，這對女人非常受用。

「我會讓妳一生都幸福和快樂，我要一輩子好好地照顧妳，體貼妳。」

這話真讓人陶醉。如果你對女人求婚時說出這樣的話，放心，她絕對不會拒絕你！

女人都希望男人能夠給她們這樣的承諾，至於你是不是真的能夠做到，那就要看自己是否真的有實行的決心了。

「我們去散散步吧，就我們兩個人。」

這話就表示你想和她單獨在一起，並且也顯示你是特別抽空陪她的。女人聽到這句話，會覺得自己在你心中非常重要，自然不會拒絕你的提議。

「認識妳的那一天，是我一生中最美好、最重要的日子！」

這種話通常帶有某種程度的誇大，男人是不是真的這樣想並不重要，重要的是，這番話可以減少女人對感情的疑慮，幫助她建立信心。

「能認識妳，真是我前世修來的福氣！」

男女關係需要滋潤才能成長，經常這樣讚美她，可以令她覺得你們正是天造地設的一對。

「如果沒有妳，我真不知道該怎麼辦。」

這是讓她知道，你需要她，並且你的生活也因為她而變得豐富多彩。

「我喜歡看妳的眼睛。」

女人都喜歡自己的外表有特點，讚揚她的外表也能加強你們

之間的關係。

「妳真是越來越漂亮了！」

不論什麼時候，誇獎女人漂亮都不會是件錯誤的事，不管這是不是真的。

「沒什麼事，就想聽聽妳的聲音。」

女人是很難抗拒這種曖昧的甜言蜜語的，如果你打算追求她，這樣的話無疑會增加你的勝算。

「有人說我花心，我承認；但自從遇到妳以後，我對其他女人一點興趣都沒有，我發現我真正找到了真愛。」

女人都希望自己是特別的，與眾不同的，當你對她這樣說的時候，她一定非常心動。

「雖然妳現在不接受我，但是，我會留在妳身邊，默默地關心妳。我會永遠都等著妳。」

這樣的表白帶有犧牲自己的悲苦精神，女人聽了即使不會心動，也會被感動得一塌糊塗。

「再給我一點時間，我一定盡快和她分手。妳放心親愛的，我肯定會給妳名分的。」

知道這是誰說的話嗎？

沒錯，就是有婦之夫對情婦言之鑿鑿的話。可是，女人卻會信以為真。你說女人究竟是聰明還是傻？

「不管將來發生什麼事，也無論將來妳變成什麼樣子，妳永遠都是我最愛的人。」

癡情的男人在花前月下，向女朋友訴說著偉大誓言，不論他說的是真是假，女人一般都寧願相信是真的。

「不知道為什麼，和妳在一起，總會令我忘記時間的存在。」

　　經過一整天的結伴相處，男人送女人到家門時，依舊一臉依依不捨。想必此時的女人聽了一定是心花怒放。

　　「現在能夠見面多好啊！」

　　一天的甜蜜約會結束了，直到凌晨時分，男方還捧著電話筒向遠方的她充滿熱情地訴說內心的渴望，這句話的殺傷力絕對不比「我愛妳」低。

　　「不論在任何時候、任何情況下，只要妳還需要我，我就會馬上趕到妳身邊，盡我最大的努力為妳做事。」

　　當女友提出分手，男人依舊癡癡地對女人說，無論女人聽了這些話是否回心轉意，但男人知道女人一定愛聽這種男人願意為她赴湯蹈火的話。

　　「此刻我很掛念妳，請為我小心照顧自己。」

　　男人出差在外，仍不忘發簡訊給女友留下動人的話，女人看了一定心花怒放幸福洋溢。

　　「我從來不會對任何一個女人許下諾言，也從不會對任何一個女人做出我願意為妳所做的事，可見妳在我心目中是多麼的獨特！」

　　聰明的男人總是會用這句話安撫愛嫉妒的女人，使女人認為她是你心中最特別的一位。

　　「我答應不會讓任何人傷害妳，包括我自己在內，相信我！我一定會給妳幸福。」

　　女人在工作或人事上受到委屈，男人把她一擁入懷，體貼地一番耳語。此時，相信女人心中所有的不快都會煙消雲散。

　　「能和妳結婚的人一定是最幸福的。」

　　在第一次約會時，男人向暗戀已久的女孩含蓄地表示衷情，

肯定能看到她滿頰紅霞，心中更是羞中帶喜。

「妳在我心中，永遠是最有氣質、最特別和最具吸引力的女孩。」

男人輕撫女友秀髮，深情地說。不論在任何時候，任何環境，對任何對象，說這句話必定百發百中。

女人愛聽的話很多，但都離不開甜言蜜語。

如果想要追到心儀的女孩子，就不要再吝惜自己的浪漫細胞，一逮到機會就多對她說一些甜言蜜語，即使她不會馬上接受，也會被這些好話打動的。

避開女人不喜歡聽的話

 為了避免造成雙方的誤會，或引起女人對於談話內容的反感，男人們需要多了解女人的心理，以免一「失言」成千古恨。

好話自然人人愛聽，尤其女人更愛聽，但有時候男人會在無意間說出一些女人討厭的話，不僅讓她感到不高興，甚至還可能會影響你們之間的感情。

所以，與女人說話時，最好懂得察言觀色，並學著避開女人不喜歡的話題。

「我當年……」在與女人交往時，一些男人可能經常會這麼說，並且還覺得自己說這樣的話會讓女人崇拜不已。

然而，女人真的會這樣想嗎？

其實，在女人眼裡，經常說這種話的男人，很容易讓人想到這人肯定現在很「不好」。因為好漢不提當年勇，提起過去就兩眼發亮的男人，顯然是對於現在的自己信心不夠。

男人說這樣的話，無疑就像在自己身上掛上告示牌，向女人宣告：「我現在不行了。」如此一來，還有哪個女人願意跟這麼沒用的男人在一起？

「妳這是怎麼搞的？我早就知道這不行了。」通常，這句話

是被男人吼出來的，而且還要把桌子拍得震天響。

對於這種場面司空見慣的女人都知道，這只是男人虛張聲勢時的常用語，往往是自卑的另一種表現。

說這話的男人因為故作神氣，反而提高了自己的愚蠢度。

「不信我們打賭！」男人天性愛賭。如果一個男人要求跟女人打賭，證明他根本就沒有把握贏，因為他們更容易相信僥倖。女人不喜歡這種沒有自信的男人，所以說出這種話只會讓自己在女人心裡的價值大打折扣。

「這頓飯還是我請吧！誰跟我爭我就跟他翻臉！」說這話的男人自以為大方，但在女人眼裡卻是很小氣的男人，區區幾百塊錢，有必要這樣嗎？而且通常這麼說，就代表心裡祈禱快點有人出來爭著付帳。別以為女人看不出這點心思。別忘了，女人生來就極為敏感。

「沒問題，我能修好。」說出這種自信滿滿的話之前，一定要先問問自己是否真的那麼有把握，如果修不好，肯定會失掉男子的尊嚴。女人不在乎男人是否真有這樣的本事，她更希望男人坦誠。

「我沒事。」悲傷、沮喪的感覺，男人也會有。可是男人們卻往往害怕暴露自己的軟弱，縱使面對的是自己最親近的人，也要佯裝堅強。

其實，這並不是聰明的做法，即使只是想留給女人一個堅強的印象，但女人可能會覺得這是對她不信任，所以不願意對她說

實話。

「我原本就是一個不修邊幅的人,別指望我精心打理門面。」

男人們往往會愚蠢地以爲,只有邋遢的樣子才會顯得有男人味。其實,越來越多的女人認爲,過於不修邊幅的男人,一定是懶惰而又缺乏自尊的男人。

「我是……最棒的吧?」

男人永遠都夢想自己在女人面前是衝鋒陷陣的勇士,尤其是在自己喜歡的女人面前。

可是,男人還偏偏有一個致命的弱點,那就是喜歡跟同類做比較。面對男人這樣的詢問,女人會感到很爲難。因爲,若是如實相告,難免會挫傷他的自尊心,但即使違心恭維一番,也不會帶來好結果。

「朋友如手足,女人如衣服。」

說這話的男人很白,肯定是不打算有好日子過了,她會很直接地告訴你:「那麼你以後就不要穿衣服,跟你的手足過吧!」然後狠狠地離開你,讓你後悔莫及。

女人對於男人的言行舉止是非常敏感的,並且容易產生過多的聯想。爲了避免造成雙方的誤會,或引起女人對於談話內容的反感,男人們需要多了解女人的心理,以免一「失言」成千古恨。

拒絕只是矜持，想愛就要堅持

女人第一次拒絕，並不代表宣佈「死刑」。
如果因此而退縮，恐怕就真的要過與女人無
緣的生活了。

男人必須懂得女人的思考邏輯，才能與心儀的對象順利交往；
明瞭彼此的心意，才是愛情開花結果的前提。男人唯有先知道女
人的心理如何運作，方能順利把到正妹。

男人遇見自己喜歡的對象時，通常的反應是直接而單純的，
有時候可能還帶有一點挑戰和征服的意味；相較之下，女人的心
思就微妙許多。

多數女人剛與男人交往時，常常表現得非常小心謹慎，甚至
有點歇斯底里，可是一旦關係親密後，她們往往又會出現一百八
十度的大轉變。

所以，聰明的男人追求女人時，經常會採用一點小手段，做
到「知己知彼」，最後「百戰不殆」！

當你心情忐忑地邀約心儀的女孩，卻被她拒絕了，一定讓你
的自信心大受打擊，覺得自己好沒面子，以後再也不準備拉下臉
去約她了。

如果你以為女人拒絕你是因為討厭你，可能就錯了，女人對
你的拒絕，也許只是一種考驗。

如果你第一次約女生就遭到拒絕，相信一定會覺得非常鬱悶：難道自己真的那麼討人厭嗎？真的那麼不讓女孩子喜歡嗎？

其實，你大可不必為此黯然神傷，女人第一次的拒絕，不代表宣佈「死刑」。如果因此而退縮，恐怕就真的要過與女人無緣的生活了。

我們身邊這種類型的男人很多，一旦被女人拒絕，就會發出這樣的感歎：「為什麼我這麼沒女人緣呀？」

實際上，男人和女人之間的緣分，與男人的「厚臉皮」有很大的關係。

如果男人的臉皮稍微厚一點，態度主動些，成功的希望就會大增。

相反的，如果忸忸怩怩，比女人還要害羞，又不敢主動，又怕受到拒絕，怎麼能追得到女孩子呢？

女人拒絕你提出的約會有兩種情況，如果不是真的對你沒意思，就是在考驗你的耐心跟毅力。

如果第一次被拒絕，你就一蹶不振，從此再也不敢約她，那麼很可能就要與心儀的女孩擦肩而過了，這樣豈不遺憾？

即使她真的對你沒意思，也應該多嘗試幾次再下結論。

女人都非常喜歡被追求的感覺，你追得越猛烈，她越覺得自己有價值。

一般來說，女人拒絕約會，是男人追求女人的第一道難關。

女人拒絕的原因，只是想進一步吸引男人，並且大多都是忸怩作態的行為，不完全表示拒絕的意思。

女人很少會像男人一樣，有計劃地採取行動，但通常女人也

不願意讓男人覺得自己是個很隨便的人，因而看輕自己。

　　所以，女人即使心存好感，也會在最初表現得相當矜持，說些違心的假話，遮掩自己躍動的心，不會一口答應赴約。

　　如果女人真的對你沒有好感，她們會用非常清晰的方式告訴你，比如「我已經有男朋友了」，這類清楚的話拒絕對方的要求。

　　因為她們知道，如果不明確表達拒絕的意思，很可能有些男人會堅持追求，這也會給她們帶來麻煩。

　　所以，除了女人說「我已訂婚」、「我已經有男朋友」外，即使她拒絕你的約會，還是應該再接再厲，只要多試幾次，通常能夠走出一條寬闊的道路來。

女人話中有話，男人要費心思量

如果她愛你，對你是不會拒之於千里之外的。她只是透過拒絕的方式試探對方付出何種程度的誠意，以此來衡量對方對自己愛的深度。

　　女人說話總是拐彎抹角，話中有話，一句話可能包含了十幾層的意思，想把妹的男人必須設法弄清楚。

　　比如，如果女人對你說：「因為你來晚了，所以我今天不跟你一起吃飯。」按照字面意思解釋，你一定會認為她是真的不肯陪你吃飯。

　　其實你錯了，她還有後面的一半話沒有說出來：「其實我不過是撒一下嬌，你哄我一下就可以。」你看，女人的話裡蘊藏著多麼「深奧」的道理！

　　與女人約會也一樣，女人都是喜歡被人追求的，如果想向認識不久的女人提出約會的要求，她可能會找很多藉口來拒絕你，比如：「不行，我家裡今天來了客人。」或者：「我晚上不知道怎麼回來。」也許她說的是真話，但是，如果你因此而放棄約她，可能就要錯過一個大好的機會了。

　　其實，女人說這話的目的並不完全是拒絕你，她可能還包含著另外一層含義，比如說她家裡來客人了，可能她要表達的是「爸爸媽媽可以陪他，我可以去約會」，或「如果你說送我回來，我

就答應你的約會」。如果男人能夠抓住時機，緊追不捨，將她約出來還是不成問題的。

或是有時候，當你約心儀的女人一起吃飯時，她經常會以「我沒空」、「我很忙」之類的話來拒絕你，其實這都是女人為了隱藏自己積極的企圖。

即使她現在並沒有忙著什麼事，也會故意對男人說「很忙」或「沒空」，目的無非就是要試探你的耐心和對愛情的深度。要是你信以為真，不敢做進一步的要求，那女人會在背後罵你蠢，甚至還會懷疑你對她的真情。

因此，不要輕信女人「沒空」的理由，你完全可以用真誠來感動她。比如你可以溫柔地對她說：「就算很忙，也抽點時間見個面吧，我很想見到妳。」

相信女人很容易就會陷入你的溫柔陷阱。

一般來說，如果她喜歡你，對你是不會拒於千里之外的。她只是透過拒絕的方式試探對方付出何種程度的誠意，以此來衡量對方對自己愛的深度。

如果你不在意她「加班」或「很忙」的阻礙，而堅持想要見到她，女人會很高興，也認為你愛她很深。

換句話說，此時女人所說的「很忙」只不過是一種試探愛情程度的方法，即使她真的很忙，想以此來作為藉口拒絕約會，其實也是在暗示：「雖然我很忙，但如果你希望見到我，我也可以抽出時間陪你。」

當然，也有可能女人當時真的忙得分身乏術，但她的表達方

法不會是這樣,她會另外指定時間與你見面。如果她沒有這樣做,那麼你完全有理由懷疑她在「欺騙」你,只是在試探你的愛。

要是這個女人是真的打算拒你於千里之外,那麼她通常會以比較強硬的語氣告訴你:「我不去,請你以後不要再打電話給我了。」同時可能還會很不友好地掛掉電話。這時候,你才真的被判了「死刑」。

所以別再被女人的拒絕打擊得無精打采的,仔細想想她是如何拒絕你的。如果真的只是在找藉口,那麼現在一定要抓住機會,繼續採取攻勢,相信一定可以成功約出喜歡的女孩。

若是更進一步,經過一段時間的交往,兩人相處得很融洽,而且也非常相愛,下一步自然是準備一起邁入婚姻的殿堂了。

但是,當你向心愛的女人求婚,卻沒有馬上得到你想要的答案,反而是:「讓我再考慮考慮。」這是不是讓你感到很失望,甚至覺得她不夠愛你?

你的想法也沒有不對,每個男人遇到這樣的問題,都會覺得很傷腦筋,不知道該如何回應女人的話。

但是,如果你就此直接地判斷她不愛你,她已經把你三振出局了,那麼你可能大錯特錯了。

其實,女人如果真的打算拒絕與你結婚,絕對不會說出這種模稜兩可的話。相反的,她會很明確地告訴你「我現在還不想結婚」或者「我覺得我們現在還不適合結婚」……等等,會把具體理由告訴你。在這種大問題上,女人還是知道該如何正確表達自己的想法。

因此,當女人對你說「考慮考慮」的時候,實際並不是壞事,

更不是對你地完全拒絕。

　　這些看起來像是拒絕的話，實際上反映了女人當時不知所措的複雜心理。儘管她也很想馬上答應你的求婚，但又怕立刻點頭會被人看輕，因此才表現出猶豫不決的模樣。

　　當然，也可能是真的還有些猶豫，她的真正想法是：「我也對你有好感，但還是覺得不夠瞭解你的為人，再過一段時間吧。」還有的女人，只是為了吊男人的胃口，讓男人對她更用心。

　　人們常常形容女人像霧像雨又像風，其實從心理上說，女人們藉著這種讓人捉摸不透的手段，使異性對她們的興趣持續發展。而自己被一一解讀的過程，無疑也是一種極大的快樂與滿足。

　　總之，對女人這樣的拒絕不要過於擔心，她並不是真正在拒絕你，而是在既高興又害怕的心情下說出這番話。

　　明白了這點之後，下一步，你就應該要更積極的追求你的理想情人，讓她早日褪去層層的偽裝，在你面對展現坦率真實的美麗容貌。

女人故意冷淡，是對男人的考驗

女人喜歡使男人著急，喜歡男人想她，喜歡在男人焦急的眼光中沾沾自喜，透過這個方式來展現自己的價值。

有人說，戀愛中的女人喜歡捉迷藏，這話很有道理。

女人就是一種如此奇怪的動物，但也正因為她們的奇怪心理，才讓男人們不知所措，不知道該如何追求。

談戀愛的時候，女人最喜歡捉弄男人。比如，男人想約女人一起出去玩，也想藉此機會增進感情，但女人往往會這麼回答：「你的想法挺不錯的，我考慮一下吧。」即使她比男人還想去，也不會直接答應。

如此，男人就會惴惴不安地想：「難道她是在拒絕我嗎？她不願意跟我出去玩？」女人就希望你這樣想，她的目的就是要你心裡不踏實。

或者，約會結束之後，男人送女人回家時，男人想趁機擁抱她。女人的反應大都是：「哎呀！你別這樣，別人會看到啊……」

當兩人的關係已親密似熱戀的情侶，男人想跟她越過最後一道防線之時，她又會驚慌失措地說：「這種事，等到結婚後再來吧！」

總而言之，女人會很巧妙地推掉一切的事，讓男人不能確定

她對他的感情是否熱烈堅定。女人就喜歡在男人焦急的眼光中沾沾自喜，透過這個方式來展現自己的價值。

　　女人喜歡使男人著急，喜歡男人想她，渴望能得到她，當女人看到男人心神慌亂、手足無措時，她的心裡就會感到一種虐待似的快感。所以有人說女人的內心隱藏著一種「魔性」。

　　不過，這話似乎有失公道，女人一直被認為是天生的弱者，因此她們生來就具有強烈的自我防衛本能，而且又有比較強烈的羞恥心。如果她們萬事都順應男人，不只自己，恐怕就連男人也會覺得女人很無趣。

　　而且，戀愛就像玩翹翹板，只要一方熱情燃燒，另外一方就會冷卻。女人很明白這個道理，所以故作姿態假裝冷淡，這樣就會使男人那方始終熱烈，如此戀愛才能保持新鮮而長久。

　　可見，女人是很聰明的，能夠直覺地看透這個原理，反而是男人懵懂不知。

　　關於求愛這件事，雖然社會風氣逐漸轉變，但大多數人仍然認為應該由男人保持主動，如果女人過於主動，也許會嚇跑男人。

　　因此，當女人想贏得男人的愛時，便會以被動的方式，刺激男人和引誘男人，讓男人始終抱持著希望追求她們的決心，這樣就可以巧妙地發展戀情，並成功得到她們喜歡的男人了。

多一點疼愛，女人就會變可愛

 不管是多麼堅強、內斂，了解人情世故的女人，女人終究是女人！只要多一點戀愛，多一點疼惜，多一點想念，女人其實又單純又可愛。

有人說「女人心，海底針」，也有人說女人的心情就像是八九月的天氣，陰晴不定，還有人說女人的名字是善變。

其實，女人很簡單！

《紅樓夢》的主人公賈寶玉說：「女人是水做的骨肉。」水有恬靜的一面，但也有驚濤駭浪的時候。

當你將雙手輕輕地探入水裡時，你所感受到的肯定是她的溫柔，感覺到一股輕柔的水流輕輕地撫弄著你的皮膚，柔柔的，緩緩的；但是，當水遇上堅毅頑石的時候，滴水也可以穿透冷硬的外表，於是，在那高山裡的一泓清泉，可能就成了讓你流連不捨的風景。

女人大都心思細膩，在愛情環抱下的女人更是極為敏感，一旦陷入戀愛，男人的一舉一動、一言一行都牽動著她的心。

她把一切看在眼裡，也放進心裡。她會為情人的一句無心話語而落淚，也會為情人的一個擁抱而滿足微笑。

有人說女人是自私的，尤其是陷入了愛情的女人。女人確實

自私，但是換個角度來看，面對自己所愛的人，誰有辦法讓自己真正做到大公無私？

女人希望情人是最愛她的，希望情人時時刻刻只想著她一個人，希望能被情人珍藏在心裡最深處，希望在情人的眼中她是最美麗的。

女人永遠都是這樣，希望在萬花叢中，你只採摘她這一朵欣賞，希望弱水三千，你只取她這一瓢品嚐。女人原本就是個矛盾的集合體，當愛情降臨的時候，她的矛盾便跟著越來越強烈。

女人希望男人可以專注於事業，希望男人可以實現自己的理想，女人不想成為男人的負擔和累贅。

可是，她又希望男人能夠時時陪在她身邊，哄著她、寵著她，希望可以每天與愛人相擁入眠。

她既希望男人改變，又怕男人在不必要的地方有了改變。她希望男人能夠為了她而改變，因為當一個人情不自禁地為另一個人改變的時候，就說明他是深愛她的。但是，她又怕男人改變之後，連帶對她的感情也跟著改變了，怕情人變得不想念自己，不愛自己。她希望男人仍然是以前的他，就像相戀的那一刻一樣，永遠有讓她無法忘卻的魅力閃現。

女人希望你可以寵著她，順著她、遷就著她，可是她又希望你管著她、看著她、纏著她、黏著她，同時她又不希望你像個小孩子一樣依賴她。

其實，女人是希望男人時時想著她的，哪怕她拒絕了男人，也希望男人仍舊對她念念不忘，這與男人的心理可能不大一樣。

當男人拒絕一個女人後，他就覺得這個女人和自己沒有任何關係了，他希望這個女人可以不再對他有感情，能夠真的忘了他，

才能使男人真正上感到輕鬆。但女人不同，女人希望男人喜歡自己，希望很多男人愛自己，這樣才能證明自己的價值和魅力。對於自己喜歡的男人，她更希望可以引起這個男人的注意，讓這個男人時時想念著自己。

　　也許你覺得女人很複雜，但其實女人很簡單！

　　女人常常會口不對心，就連想被挽留，都會用相反的方法來引起對方的注意。當她任性地說她再也不想你，再也不理你的時候，其實是在提醒你，她很想你，很在乎你，她也渴望你如此想她，在乎她！

　　事實上，不管是多麼堅強、內斂，了解人情世故的女人，女人終究是女人！只要多一點戀愛，多一點疼惜，多一點想念，女人其實又單純又可愛。

女人的愛情訊號，
男人太呆就收不到

女人對某個男人有好感，因為害羞矜持，

是不會直截了當地說出來的。

為了引起男人的注意，便會精心策劃

一個又一個「偶然相遇」的機會。

有耐心，才能擄獲芳心

聰明的男人，應該能夠從女人的話裡聽出女人的真正意圖，不會輕易地放棄，並且巧妙地開始實施自己的「登山」計劃，直到能夠擁她入懷為止。

　　女人喜歡被追求的感覺，而男人喜歡追求的征服過程。

　　女人總希望自己在男人的心裡是特殊的，與眾不同的，不可多得的。如果某個男人對她表示好感，即使她也對這個男人有好感，也不會馬上表現出來，而是裝出一副「不喜歡」的表情。

　　女人似乎在昭示：「我可不像其他女人一樣，那麼渴望男人的追求。」而男人好像也心甘情願地鑽進女人的圈套，女人越表現出抗拒的姿態，男人往往越有追求的慾望。

　　因為男人都有征服他人的慾望，喜歡被挑戰的感覺，越難得到的東西就越想得到，所以女人越難追，男人就越想追到手。於是，男人開始「跋山涉水」，想盡各種方法討心愛的女人歡心，女人也在這種遊戲中自得其樂。其實，這也就是戀愛的樂趣。

　　有人說女人的心像秋天的雲。確實，女人的心變化多端，讓人捉摸不透，更使大多數男性追求者無從下手，以致坐失良機、半途而廢。雖然男人明白「男追女，隔重山」的道理，但可能辛苦地爬到山頂後，卻由於雲霧瀰漫而看不到美麗的風景，結果只能無功而返，功虧一簣。

通常，女人會以各種藉口來拒絕你的約會，不是她不想去，而是她在考驗你，看你是否真的有追求她的耐心。

如果被拒絕了幾次，你就大失所望，認為她根本不喜歡你，不再約她了，那你可就錯了。

女人覺得，如果對男人的求愛馬上點頭答應，那麼男人一定會覺得自己是膚淺的、隨便的女人，甚至還可能覺得自己乏人問津。這怎麼可以呢？

不論是男人還是女人，對容易得到的東西總是不加珍惜，甚至男人的這種心理更嚴重一些。相反的，對於越難得到的東西，就越會當作寶貝一樣珍愛著，因為這是自己辛辛苦苦努力得來的。

這就驗證了「得不到的永遠是最好的」的道理，女人對這句話的理解相信要比男人深刻得多。

女人堅信，自己要讓「男追女，隔重山」成為現實，不可過於主動，否則就顯得自己很沒價值。並且，在你開始追求她的時候，她也不確定你對她到底投入了多深的感情，因此這種拒絕正好是考驗你的最佳方式。

比如，你打電話給一個心儀的女人，想約她去看電影，通常她會找藉口拒絕，會以自己有其他約會作為拒絕你的理由，然而她是否真的有約，那就不得而知。

女人這樣說，目的在於傳遞幾個訊息。第一，她不是沒有人約的，如果你要追她，就應該拿出點勇氣來，與別人競爭；第二，她不會輕易答應你的追求，你必須要證明自己對她的誠意；第三，如果女人拒絕邀約之後，再加了一句「改天吧！」那就證明她還沒有完全拒絕你，只是讓你自己領會，應該再勇敢一點、努力一點追求她，讓她享受站在「山峰」的感覺。

正因為如此，女人才會在男人面前設下重重山峰，等待男人翻越山嶺珍愛自己。女人相信，只有真正愛自己的男人，才會不辭艱辛，翻越重重阻礙，只為博得紅顏一笑。

如果你因為被女人拒絕了幾次，就對自己失去信心，女人會感到非常失望。她會覺得你根本沒有勇氣，是個懦弱的人，而且根本就不是真心愛她，於是你也就失去了大好的機會。

不過，有時候，女人對你表面上顯得毫不在意，但實際上內心充滿矛盾，因為一再的拒絕可能會使追求者敬而遠之，使自己飽嘗寂寞孤單的滋味。

但如果你追得太緊，女性的「防衛本能」會對你更加拒絕，這也是女人的逞強好勝、不肯認輸、好奇等心理作祟。

只要你能抓住女人的這種微妙心理，掌握好追求的節奏，一定能獵取芳心，得到幸福的愛情。

聰明的男人，應該能夠從女人的話裡聽出女人的真正意圖，不會輕易地放棄，並且巧妙地開始實施自己的「登山」計劃，直到女人答應你的約會，直到能夠擁她入懷為止。

這時候你就會發現，只要透女人的假話，善於領會女人的意思，摸透女人的心理，男追女同樣可以只「隔層紗」。

女人的愛情訊號，男人太呆就收不到

女人對某個男人有好感，因為害羞矜持，是不會直截了當地說出來的。為了引起男人的注意，便會精心策劃一個又一個「偶然相遇」的機會。

　　當一個女人愛上一個男人時，是一件讓女人感到很幸福的事，女人甚至會為這個男人做任何事。但是，有趣的是，她不會直接對這個男人說「我愛你」。

　　男女相愛本來是任何一方都可以主動的，但也許是受傳統觀念的影響，女人大多比較被動、害羞。明明她很喜歡一個人，甚至已經愛上了他，卻不會直接表達出來，甚至還試圖把自己真實的感情掩飾起來。敏感而聰明的男人應該能從女人的言談舉止中，察覺出她對你的一片心意。

　　假如有位女同事每天下班的時候，總是有意無意單獨與你說「再見」，並始終對你微笑著。如果你以為她是無意的，也許她對每個人都差不多，那她一定會罵你「呆頭鵝」了。

　　如果女人不在意一個人，就不會多花心思與他每天單獨告別。她之所以會主動找這個男人談話，表示她已經對那個人產生了好感，而且更深一層的意思，可能是每天都在暗示對方，如果他對她也有意思的話，就應該對她提出約會的要求了。男性朋友，你的身邊是不是有這樣的女孩子呢？如果有，可就要多加留心，也

許她已經喜歡你很久了。

假如在某次聚會即將結束的時候，某個女孩單獨對你說：「很高興認識你，可是我不得不現在就走。」如果你回答她：「哦，好的，我也很高興認識妳，再見。」這樣女孩也會失望的。

其實她要表達的意思是：「在這個聚會中我最中意你，但我的朋友要走了，我也得走了。現在你該向我要電話號碼了。」

其實在聚會時，信號的模糊率會更高，所以要讀出女孩的意思也會更困難。如果你在聚會的時候遇到了心儀的女孩，但她只是單獨對你說了聲再見，沒多說其他的話，千萬不要以為女孩子對你一點興趣都沒有。

沒有多說話，是因為女孩羞於表達自己的感情，希望你可以主動一點，比如主動留下她的聯繫方式，或者約她出去走走。

難道你要她主動跟你要電話嗎？或者主動約你嗎？

女人很害怕遭到拒絕，而且也怕你覺得她是個很隨便的女孩子，因此才這樣進行暗示。不要只領會到女人說話的表面意思，她所要表達的真正內涵比表面所說的還要深奧。

如果她對你說再見的時候，你擔心她其實沒有別的意思，不妨先將自己的電話或名片給她，這樣不僅免去了被她拒絕的尷尬，也會讓她覺得你是一個很坦率的人。

女人大多都欣賞這種坦率的男人。

若是經過種種言語上的暗示，男人卻依然不了解她的心意，女人就會挖空心思製造各種「偶然」，希望藉此引起這個男人的注意，或者引導男人對她展開追求。比如，女人喜歡上了自己的一個男同事，但又羞於表達，便會開始用各種方法實施她的「偶

然」計劃，製造兩個人單獨接觸的機會。

　　例如，看到心儀的男人去影印室印資料，她就馬上說：「哎呀，我剛好有文件要影印呢！」然後馬上追出去，與男人一塊去影印。

　　當這個男人加班時，女人會在下班出來後突然對自己的同事說：「我的東西忘在公司了，我回去拿一下，你們先走，不用等我了。」於是就轉身回去，這樣就又能夠與男人「偶然」相遇了。

　　如果你經常會不經意遇到某一個女人，比如經常在同一班車相遇，或者經常在咖啡廳碰見她，也許你因此會認為這是命運的安排，是緣分讓你們這樣相遇的。其實，很大一部分原因是她對你有好感，所以故意製造「偶然」，增加你們的見面機會。

　　通常女人對某個男人有好感後，因為害羞矜持，是不會直截了當地說出來的。但為了引起男人的注意，讓男人主動追求自己，便會精心策劃，故意安排出一個又一個「偶然相遇」的機會。

　　女人的這種方式常常會給男人留下比較深刻的印象，男人也能夠透過這種途徑來加深彼此的瞭解。

　　有些男人可能滿腹疑惑：「我怎麼知道她是不是在故意製造偶然？一旦真的是偶然相遇的，卻被我誤解了，這不是很尷尬？」

　　不用擔心，如果經常在偶然的情況下與同一個女人相遇，而對方卻又沒有表示出警戒的言語或反應，那麼這是她精心安排的可能性就很高。

　　如果你對她也有好感，完全可以放心大膽地去追求。

　　如果真是偶然，女人很可能還會懷疑是你有意要糾纏她，她會露出責難、戒備的神情態度。

女人用小動作向愛情招手

女人是藏不住心事的，只要多加留意那些乍看之下彷彿不經意的小動作，就能從中捕捉女人的心意，也許還會有意想不到的驚喜發現。

女人的小動作何其多，小動作越多的女人，越容易看出她的心思。

當你假裝不經意走過她的身邊時，你會發現她的臉突然不自覺地紅了，很可能是因為對你的出現感到緊張。她之所以感到緊張，正是因為她在乎你。

女人因為有了這些小動作，更顯得可愛。

當一個女人坐在你的對面，兩手托腮，嬌嗔地對你說：「你這個呆頭鵝，到底要怎麼說你才能明白嘛！」這種情況表示，她一定已經暗示過你好多次了，只是你都不能明白她的心意，因此才會催促你快點解讀她的心意。這對女人而言已經是非常明白的愛的語言了。

「幫我看看手相吧。」女人有時候會對男人提出這樣的「要求」。其實，她是醉翁之意不在酒，看手相的目的是為了與你進行手與手的接觸。

一個女人願意讓你從她的手中讀出愛情線、命運線以及前世來生等等，無非是想要與你進行親密的接觸。相信沒有一個女人

願意讓一個毫無好感的男人握住她的手把玩。

　　一般來說，在替她看手相的時候，你就可以從女人向你提問的口氣中看出她的虛實，越是欲蓋彌彰的，就越是她想知道的。哪怕明知是一派胡言，但不可知的命運以及對未來的憧憬，仍是女人生命中最為關切的問題。

　　要是你能抓住機會，延伸話題，那就不會毫無收穫，也許她正期望你有所表白。

　　如果你還不確定這個女人是否真的對你有好感，那麼還可以看她的面部表情，也能看出她的心理變化。

　　細心的男人應該能夠從女人的小動作、小表情中讀懂女人的心理。比如，當某個女人經常目不轉睛，彷彿若有所思地看著你的臉時，那就表示她已深墜愛河而無法自拔了。

　　當她總是偷偷看向你，或者彼此四目交投之時無故嫣然微笑，顯然證明她心中已經長出愛苗。

　　總是堅持一定要經過化妝打扮才肯見你的女人，假如偶然在街上碰見你的時候，激動緊張得手足無措，無疑說明她已經悄悄愛上了你。

　　其他還有經常收到她的簡訊，如「要多休息，自己好好照顧自己」之類的，無疑地，這些都是愛的語言。

　　但是，男士朋友們也不可過於盲目自信，一旦錯讀了女人傳遞的資訊，結果可能會很淒慘。

　　假如某個女人不肯正面看你一眼，或者即使她們肯跟你談話，口氣也常常支吾其詞，這可不是因為害羞，大多是因為對你心存厭惡。

　　如果你每次想靠近她的時候，老是呈現出不高興的樣子，想請你趕快離開，無疑說明她十分討厭你。

　　當你打算吻她的時候，她反而下意識地轉開嬌臉，或者背過身軀，表示你們之間的感情已經壽終正寢。如果你是她的戀人，還是趕緊揮動慧劍，斬斷情絲吧，不要再自尋煩惱了！

　　女人是藏不住心事的，她們不一定會經由言語，而是透過各種小動作來傳達自己的心情思緒。因此，只要多加留意那些乍看之下彷彿不經意的小動作，就能從中捕捉女人的心意，也許還會有意想不到的驚喜發現。

擁有特別待遇，代表女人對你好奇

女人會故意隱瞞自己的感情，對意中人刻意地疏遠，甚至還會採取完全相反的冷漠態度，這是因為自己的內心尚不確定。

　　女人有非常豐富的好奇心，在愛情中表現得最為突出，而這種好奇心進一步擴大，就成為一種關心。

　　如果一個女人經常透過別人打聽某一個男人的情況，那麼就不再是單純的好奇心，它已經摻入了情絲，擴展成了對這個男人的關心，這種關心是對他默默傾注情感的表現。這是由於女人礙於情面，害怕受到拒絕，不敢直接向男人詢問，所採取的一種曲折的表達方式。

　　有時候，可能連男人自己都沒有注意的小事，她卻注意到了。比如她會有意無意地問：「昨天怎麼沒來上班？」或者：「你今天理髮了？」對於這些問題，我們可以認為只是同事之間的關心，但也不能否認它可能是女人在表達愛意。可以根據她說話的語氣來判斷，需要細心地觀察並多加留心。

　　還有一些女人，當她不太瞭解愛慕對象的情況時，除了向其他人打聽之外，自己也會採取一些含蓄的方式進行試探。

　　比如她會找藉口問他，什麼時候請她吃喜酒，以此來判斷對方是否有戀愛對象。如果聽到的回答是八字根本還沒一撇，那麼

她的眉宇之間就會露出如釋重負的樣子。這些細微的神情變化，也多半是她心裡萌動的愛情徵兆。

如果女人對那個人沒意思，是不會去瞭解與他有關的事的。她之所以很想知道他的一些情況，無非是因為他的形象已經在她心中播下了種子，所以想進一步獲得更多情報。

有時候甚至還會打聽一下對方家中的情況及興趣愛好，或者男人無意間說想看什麼書，第二天她就會不聲不響地把這本書送到他的面前。這些都是女人愛上一個人的「語言」。

當然，女人也有可能以消極的態度引起喜愛的人的注意，仔細留意一下你的身邊，看有沒有原本平時對你很好的某個女人突然對你疏遠起來，而你也沒有做什麼錯事得罪她。如果真有這種情況，那麼要恭喜你，這並不是壞事，因為這可能是她喜歡上你的信號。

如果你還不相信，那麼舉例分析一下這種可能性。

在一家公司裡有一對男女，平時關係很好，但是突然間兩個人關係很冷漠，疏遠了許多，就連男職員也開始跟女職員斤斤計較起來，兩個人互不搭理對方。這讓公司的其他職員感到很奇怪，認為一定是他們兩個人在工作中鬧了矛盾，甚至老闆都看不過去了，把他們兩個人分別叫去談話：「工作就是工作，不要把個人的情緒帶到工作中來，這可不是一個優秀員工應該有的。」

可是過沒多久，就有一件出人意料的事情發生了，這兩個平時形同水火的兩個人，突然向公司所有人宣佈：「我們要結婚了！」讓公司的同事都一頭霧水，可事實的確如此。

這說明什麼呢？這說明，如果男女兩個人在別人面前故意疏遠，並不一定是他們之間真的起了什麼衝突，而很可能是在掩飾

他們心中對彼此的感情。在我們身邊，這種例子更是層出不窮。

女人與男人在表達情感上有很大區別，當她對某個男人有好感，或者已經愛上他的時候，不會輕易表露出自己的情感。

不僅如此，她還會故意說假話，隱瞞自己的感情，對意中人刻意地疏遠，甚至還會採取完全相反的冷漠態度。她這樣做，大多是因為自己的內心尚不確定，或者不想讓對方或其他人知道自己內心的真實想法。

當然，在同一間公司上班的同事，男女雙方故意疏遠，可能是因為不希望其他同事發現，怕影響工作，或者給生活帶來不必要的麻煩，所以他們互相疏遠倒也在情理之中。

但是，如果正與你交往的女性，突然莫名其妙地對你疏遠起來，甚至對你擺出一副愛理不理的態度，或者故意找你麻煩，拒絕和你直接接觸，如果你們之間沒有出現什麼矛盾爭執的話，那麼你就應該意識到，這可能是她已經喜歡上你了。至於她這樣做，也許是怕落人話柄，因此才這樣故意疏遠你。

這個道理其實很簡單，假如她對你漠不關心，大家正常交往也很正常，根本不必採取這種不自然甚至令人尷尬的態度。

如果她真的討厭你，那她往往會在表面上對你大獻殷勤，因為一般女人都想隱瞞自己對他人的真實感情，不想被別人看出自己的心事。她們大多認為被人看穿心事，會給自己帶來不必要的麻煩。

聰明的男人應該要從女人平時的表現中，讀出女人對自己的真實情感，並且善於把握機會，採取主動的姿態出擊，成功的機率想必會大為提升。

性愛交流，尊重是最大的要求

女人的生理需要並沒有男人那麼迫切，女人
希望在生理方面受到男人的尊重，更不願意
做男人滿足生理需要的工具。

世上沒有純粹的精神戀愛，女人和男人都有各自正常的生理
需要，畢竟每個人都有享受性愛的權利。這就讓女人對男人的要
求不僅僅停留在生活和精神上，生理也是重要的一個環節。

如果有人說，兩性的關係是可以跨越性關係而直奔愛情主題
的，這樣的說法根本是自欺欺人，只是一種冠冕堂皇的謊言。因
為愛和性的緊密結合，才是男女真正愛意的體現。

男人與女人交往時，經常會想一步到位，但女人的心理與男
人是不一樣的，更希望慢慢享受愛情的過程，而不只是生理的滿
足。所以，當戀愛中的男人對女人提出性要求時，女人往往會猶
豫或直接拒絕。

這並不代表她們不需要性愛，只是女人會將性和愛分得很清
楚，她們常常因「愛」而「性」，與男人因「性」而「愛」的心
理可能有所不同。

不過，如果男人就此認為，自己對女人提出過多的性愛索求，
或是過多地要求和女人交合會引起女人的厭惡，同樣是因為還不
真正認識女人。

女人的生理要求和男人是一樣的，只是她表現得更為含蓄而已。因此，如果男人認為女人主動就是淫蕩，那更是錯誤的想法。

當然，女人的生理需要並沒有男人那麼迫切，也許男人想滿足生理需要的時候，女人並不想。

不過，當女人不是很確定她是否想發生性行為的時候，男人不應該輕易地放棄，應該巧妙地引導女人：「妳有點想做愛的念頭嗎？」

女人幾乎每次都會回答沒有，當然，她也不希望男人失望，於是說出一大堆她不想做愛的理由：「我還要洗衣服和做一些家務」或者「我不確定我現在是不是有感覺」。

如果女人願意繼續和你交談，那麼男人就應該知道她並沒有回拒你，她可能只是需要多一點的引導。

用言語把心中的想法說出來，然後她可能就會發現自己的慾望。往往在和她分享過她之所以不想做愛的原因之後，她會說：「我們做愛吧！」

如果男人不瞭解女人和他有這麼大的不同，在性關係中不尊重女人的要求，那麼，當女人在談論她為什麼不想做愛時，男人很容易會覺得自己被潑了冷水。

當男人聽到女人表示她有一點想跟他做愛時，不妨先試著壓下自己的滿腔慾火，慢慢營造浪漫的氛圍，讓女人的點點星火，隨著男人的愛語漸漸燎原。

女人希望在生理方面受到男人的尊重，不喜歡一個絲毫不尊重她的男友或丈夫，更不願意做男人滿足生理需要的工具。

女人保持神秘，男人瘋狂著迷

越神秘的東西，就越能激發男人接近它的慾望。女人瞭解男人這種心理，因此她們才會與男人玩這種若即若離的遊戲。

俗話說：「女追男，隔層紗；男追女，隔重山。」也就是說，女人追求男人很容易，而男人要追求到自己心愛的女人，可能就困難重重了。

但是，這就代表女人不喜歡男人的追求嗎？

事實正好相反。女人即使很喜歡追求她的男人，也不會立刻答應這個男人的求愛，反而故意裝作不喜歡他，不理睬他，直到認為「火候」差不多時，再「被迫」答應他。

女人為什麼要如此大費周張？

女人在戀愛中是男人捉摸不定的，她們經常會採取各種策略，最普遍也最典型的就是經常故作神秘，讓男人覺得她們變幻莫測。

有趣的是，這一招往往很有效，男人就喜歡這種經歷，如果沒有了神秘感，男人可能就對女人失去興趣了。

或許，女人正是穩穩地掌握了男人的這種心理，才總是將自己真正的想法用各種方式掩飾起來。

如果你問一個女人年齡時，她們大多不會直接回答你，而是

做出一副非常複雜的表情或反應，然後故作神秘地反問你：「你猜猜看呀？」

不論是荳蔻少女，還是黃臉的老太婆，都會把這一個問題巧妙地敷衍過去。

女人這樣做是想讓人覺得她年輕，因而才隱瞞年齡。

女人怕老，幾乎是條不變的真理，「年輕」對女人來說，是很重要的價值之一。女人之所以這麼做，無非就是想保持神秘，似乎在對男人說：「我可不是隨便就告訴別人年齡的，這是我獨特的地方。」

在女人的內心深處，除了隱瞞年齡使人覺得她年輕外，在其他方面也喜歡表現點「神秘感」，就連學歷、婚姻、身高、體重等等自己的私人「情報」，女人都有故意隱藏的習性，並以此來展示自己獨特的魅力。

實際上，女人的這種心理與女人對男人的態度有深切的關係。男人對隱晦的、未知的、神秘的事物，都有一種追尋和親近的傾向，越難解道、越神秘的東西，就越能激發男人接近它的慾望。

女人瞭解男人這種心理，因此她們才會與男人玩這種若即若離的遊戲，既吸引了男人的注意，又在男人面前展現自己不流俗、特殊的一面，一舉兩得，女人覺得這樣的愛情才有成就感。

一個女人如果暗自傾心於某個男士，一定會更加注意仔細營造自己給予對方的神秘魅力。

即使她本身是個心直口快的熱情女孩，在他的面前也會裝出一副含蓄、沉靜、文靜的樣子；即使她只有簡單而平淡的經歷，也會表現得閱歷不凡，讓他覺得自己是個很特別的女孩。

　　當然，在第一次見面時，她一定不會讓對方對下次見面失去興趣，會想出各種辦法讓這個男人對她產生興趣。

　　大家都說女人像霧像雨又像風，其實只要分析女人的心態，就能了解她們出現某些行為的原因。

　　從心理上說，女人們藉著這種讓人捉摸不透的手段，使男人的興趣無限地發展，而自己被一一解讀的過程，無疑是一種極大的快樂與滿足。

男人的忠實，是女人的精神糧食

女人在生活上和精神上，都希望遇到自己渴求的那種男人，一旦缺少了什麼，她就有可能去尋找什麼，尤其在精神上最為關鍵。

如果你問一個女人，她一輩子所渴望的幸福是什麼，相信大部分女人的希望，都是擁有甜蜜的愛情和美滿的婚姻。

很多女人可能都擁有過甜蜜的愛情，但卻不一定能夠找到美滿的婚姻。所謂「男怕入錯行，女怕嫁錯郎」，能夠嫁一個好老公，是一件非常美好的事情。

對於女人來說，除了生活基本要求外，在精神上對男人也有一定的要求。

一個男人，首先在精神上應該是堅強的，是真正具有男子氣概的。女人對那些失敗過一次就怨天尤人、萎靡不振，跌倒了就不願意爬不起來的男人是堅絕不要的。

女人需要能帶給她安全感的男人，如果她的對象不僅不能夠在生活上照顧她，還經常在她面前哭訴自己的不幸，讓她也承擔他實際上可以挽救的痛苦，這樣的男人是非常失敗的，女人會鄙視他。

男人的忠誠對女人來說很重要，相信所有的女人都不願意自己的老公還有其他女人，不願意自己的男人天天接到其他女人的

電話。

　　男人應該在精神上（當然也包括身體）忠誠於自己的女人，不在外頭拈花惹草，讓女人傷心。

　　女人喜歡浪漫，也希望浪漫，懂浪漫的男人、善於製造浪漫的男人是非常容易打動女人的心的。

　　女人希望男人能夠給予她精神上、心理上的重視，希望男人時時想著她，縱使男人做不到，也一定要表現出能夠做到的樣子。如果能夠在適當的時候為女人製造浪漫，比如偶爾送她一束鮮花、一份她非常想要的化妝品，或者一份精心準備的小禮物，都會讓女人在精神上感到愉悅不已，因為她會覺得男人很關注她，重視她，這樣她對男人的感情自然就會加深。

　　女人要求男人能夠有點氣度，絕不喜歡男人小家子氣、猥猥瑣瑣，即使那個男人很愛她，但若是常常因為一點點小事就吃醋，也不管她是因公與上司出去應酬，還是因與多年不見的朋友聚會，不分青紅皂白地跟她大吵大鬧，或者陰沉著臉不搭理她，這樣的男人是自私的。

　　必須要知道，每一個人都是獨立的個體，都有自己的生活圈。當然，是因為愛她才會吃醋，可是不要忘了，愛一個人也要給她自由，她可不光是天天留在家裡洗衣做飯的傭人。

　　女人要求男人在心理上是獨立而自信的，不喜歡一個毫無主見、「乖寶寶」型的男人，整天「媽媽說這樣，媽媽說那樣」。如果兩人之間的所有事，都要徵求家人的意見，自己沒有一點主見，這樣在媽媽面前的「乖寶寶」，女人往往會搖頭拒絕，因為

她感覺不到一點放心的依靠。她嫁的是一個男人，而不是男人的母親。

現在的男人常常覺得女人太「花心」、太善變，其實換個角度看，這實質上是女人追求個性解放所必須付出的代價。

從本質上來說，女人跟男人一樣，都是「花心」的，如果還要求女人從一而終，已經不太可能了。

女人的花心，是對男人的一種挑戰，促使男人要提高自己的「品質」，以不斷進步的狀態去面對女人的變化。

女人的要求與男人永遠是有差異的，不管人談戀愛的態度多麼能跟上現在社會快速的腳步，男人都希望能夠快一點達到目的，而女人則寧願多花點時間享受愛情的過程，使兩性之間產生許多值得溝通和爭執的地方。

女人多半希望男人能夠儘早給出承諾，可能男人都希望慢一點，男人不願意那麼快就為感情打包票，或付出一張長期飯票。

男人對承諾常常能拖則拖，讓很多和他交往得不耐煩的女人傷透了腦筋。實際上這就是女人的不安全感在作怪。

女人在生活上和精神上，都希望遇到自己渴求的那種男人，一旦缺少了什麼，她就有可能去尋找什麼，尤其在精神上最為關鍵。

女人很在乎與男人的溝通和交流，關於這一點，男人一定要確實明白且接受，不能再用舊時的眼光看女人。女人永遠都是溫順的綿羊、任男人擺佈的時代早已經過去。

PART 3.

弄清女人的試探，
就能通過考驗

女人提出的「偽裝的抗議」目的就是在試探你，

看自己喜歡的人會不會拒絕自己的反對意見，

是不是能夠容忍她、真的在乎她。

女人唱反調，男人得掌握精要

只要你能夠辨別出女人的挑釁行為其實是一
種友善的表達，你盡可以跟這個女子大膽往
來，這很可能是你們美妙情感的開始。

女人在表達自己的情感時，不論是好是壞，都常常是委婉的，
與男人大有不同。

男人喜歡直接的表達，而女人恰好相反。這也許是源於女人
細膩的心思吧，男人也可能是因此才開始喜歡女人的。

女人的情感總是很細膩的，在戀愛之中，女人的心思總是委
婉地表達出來。男人應該用心去體察女人委婉的表達，這不僅對
自己談戀愛，而且對一般與女人交往，都是有好處的。

有時候，她們會採取一些相反的舉動，表達自己的好感，比
如故意挑釁或者跟心儀的男人唱反調。她們總是用這種方式來引
起異性的注意，並把它當成某種樂趣。

挑釁對於男孩子來說比較常見，男孩總是喜歡透過捉弄異性
來得到自身的滿足。小的時候，男生總喜歡對自己喜歡的女生惡
作劇，他們總跟自己喜歡的女孩子過不去，不是抓她的頭髮，就
是撕破她的筆記本，再不就是截住女孩子不讓回家，以此來欺負
她，以致於把女孩子弄哭了。

其實，這正是一種男孩對女孩表示好感的方式。女孩對自己

愛慕的異性，有時也會用這種反常的挑釁的行為。

女性對自己中意的男性也常常以諷刺的話語來表達自己的心意，尤其是比較外向、生性活潑、反抗意識較強的女性，總不會直接表達自己的感情。

挑釁總是能滿足她們內心的需求，讓她們樂此不疲，喜歡將好感變成批評性甚至攻擊性的話語。

所以，你發現某位女性無緣無故地對你說出一些挑釁的話，你應該想到，她是不是對你過度關心了呢？是不是在你面前總有一種異樣的情緒？你體會到這其中對你的好感了嗎？

向你挑釁的女性往往對你很關心，這樣做也是想引起你的注意。你應該體會女人的內心，不要讓一段感情就此泯滅。

不過，你也應當當心，如果是在戀愛中，你的女朋友突然對你說了一些攻擊性，或者諷刺性的話，很可能包含其他的意義。

如果你的容貌、性格無缺陷，品行端正，對女朋友呵護有加，那麼她突然對你進行攻擊，很可能是要跟你分手，卻苦於找不到藉口。她很可能是另有新歡，藉此來與你產生裂痕，然後棄舊迎新，把對你所有的感情丟在一邊。在這種情況下，你應該特別小心，要重新考慮你們的關係。

對於初次見面的男女，或者是不熟悉的男女來說，女性的挑釁行為多半是友好的，或者說是好感的表示。善解人意的男子，不要為女人的挑釁語言而生氣，不要為此和她發生口角，因為那是再愚蠢不過的行為。

只要你能夠辨別出女人的挑釁行為其實是一種友善的表達，你盡可以跟這個女子大膽往來，這很可能是你們美妙情感的開始。

女人的心思總需要聰明的男子來體會，對於善於動情的男子，

可以盡情去品味，要知道，女人的友善挑釁總是富有情致的！

女人似乎總喜歡與男人相對抗。

比如說，兩人推著自行車一起走路時，男人說：「我們再走一段路吧，天黑還早呢！」女人就會說：「不，想回家休息了，我很累。」

男人想請女人一塊兒喝茶，女人會說：「我不想喝茶，很苦的，我想要咖啡。」

如果男人說：「我有幾本小說可以看，妳拿去看吧。」女人會說：「我討厭小說，我很喜歡散文。」

像這樣的例子很多，男人不需要苦惱，因為很多時候這是一種好感的表達。

女人為什麼會有這種表達方式呢？這為什麼是一種好感的表達方式呢？這跟女人的心理習慣有很大關係。

這種表達方式代表的意義，多半是在撒嬌。

女人很需要別人的關心，正因為這種心理需求，女人總不知不覺地產生一種想讓人關心的情緒。她怕男人忽略自己，因而故意用強硬的、頂撞的態度對待男人，以引起他的注意。

而且女人更喜歡對一些無足輕重的小事提出抗議，這樣做的原因，很可能是期待男人不接受她的觀點，兩人因此多了語言的交流，這就可以有更多的機會瞭解對方，以確定對方對自己的真實感受。

現在的年輕男性大都懂得憐香惜玉，一副十足的紳士派頭。他們對女性的態度都比較溫柔體貼，也能容忍女性偶爾的撒嬌耍賴，這往往也助長了女人的撒嬌心理。似乎這樣，女人才顯得更

柔弱，更有女人味；男人才更像有涵養的紳士，也更有男人味。

　　這也許就是人們平時說的「男人和女人在一起時，男人才更像男人，女人才更像女人」吧！但如果是不瞭解女人心的男人，恐怕很難做到這一點了。

　　女人的唱反調還有一種心理原因，那就是希望自己與眾不同。

　　現代人追求個性美，女人更希望自己是富有個性的，對男人極具吸引力的。女人對男人的要求，也就是希望他喜歡自己獨特的個性。

　　所以，她跟男人唱反調就是讓男人接受她的個性、喜愛她的性格，這或許也是主動吸引男性的一種表現吧。

　　在現實生活當中，女人對男人的不滿往往是透過自嘲或無所謂的形式來表現的。比如說，男人對女人說：「出去轉轉吧！」女人會說：「好啊！你說怎樣就怎樣吧！」

　　你認為那是一種好感嗎？恐怕不是。

　　女人對你撒嬌，本來就是對你的信任，這當然是好事。如果不瞭解女人的表達方式，體會不到女人的心，恐怕會大倒女人的胃口。

　　真正瞭解女人的人，應該理性對待女性的唱反調，並把它當成一種好感的表示和生活的情趣。這樣，你才能體會到跟女人在一起時的快樂。

女人會挑剔，是因為在意

挑剔，也是因為注意你，一個對你沒有特別感覺的人是不會挑剔你的外表的。當女人看到自己所愛的男性形象邋遢時，自己也會替他感到不好意思。

當男人追求的女人開始嫌男人生活太過邋遢、穿衣不整潔、不知道刮臉等等的時候，表示你追求的女人已經對你有好感了。

為什麼女人愛挑剔呢？又為什麼總是挑剔男人的外表呢？為什麼這又是一種好感的表示呢？

你是否注意到這樣的細節，已經結婚的女性，在自己丈夫快要出門的時候，總是認真考慮丈夫的外表，一再挑選當天最適合的西裝和領帶。

平時生活中，她們也常挑剔男人的服裝儀容，比如說男人西裝上有頭皮屑、T恤的袖口骯髒不堪、皮鞋經常蒙著厚厚的灰塵……等等。

為什麼習慣這樣做呢？是因為害怕別人批評自己的丈夫不體面、沒品味，這樣會使她們感到自己也受到了責備一樣。作為一個家庭的一員，女人對此很敏感，所以總是習慣地批評男人。

已婚女性這樣，未婚的女性也會有這種心理，尤其談戀愛的時候更常見。在電影中我們也經常看到這樣的情景，當一位男士向他心愛的女士求婚時，女士撇了撇嘴說：「把你的臉刮一刮我

就嫁給你。」

　　是她真的不願意嗎？不是。她已經願意嫁給這個男人，卻又嫌棄男人邋遢的外表，這讓她感到難堪。

　　挑剔，也是因為注意你，而注意的原因很可能是好感，一個對你沒有特別感覺的人是不會挑剔你的外表的。

　　如果女人真的討厭對方，對方邋遢與否跟她沒有一點關係，她一定會採取完全不理睬的態度。

　　因為男性的不拘小節而抱怨連連的女性到處可見，無論從結婚女性還是未婚女性的角度來分析，這都是友好的表示。

　　之所以有這種表示，是因為女人已經把她與這個男人看作一個整體，所以格外關注男人的外在形象，最直接的表達方式就是在對男人外表的挑剔。當女人看到自己所愛的男性形象邋遢時，自己也會替他感到不好意思。

　　有位男生愛上了大學同學。在表白自己的愛意時，他儘量在她面前表現一番，並且極力討好她。

　　可是，這位小姐卻毫不領情，反而一見到他，就挑剔他的儀容：「你的襯衫那麼髒，到底有沒有換洗過呢？」或者：「你的頭髮太亂了，該梳一梳吧！」再或者就是：「你是不是很久沒洗澡啦？」她對他不修邊幅的外表，表示相當不滿。

　　這位男士聽到她的這些話後，只能尷尬地苦笑，內心相當失望。他認為，「既然對方一再指責我，她一定討厭我，我一定是沒希望了。」於是放棄了對她的追求。

　　沒想到在畢業之前，無法死心的他再次拿出最大的勇氣向她求婚時，她居然一口答應了，兩人很快舉行了婚禮。

　　挑剔，有時只是愛的表達方式，如果你誤解了，只會失去一次
又一次機會。

　　既然已經知道了女人的這種心理，爲什麼不在自己喜歡的女
子面前儘量表現好一點，展現自己最完美的一面呢？

　　趕快去剪個時下最流行的髮型吧，無論是充滿東洋風味的造
型，還是稍微有點書生氣息的中長髮，只要符合一般大眾口味就
行，這樣讓你看起來更帥氣。

女人的真話通常只說一半

大多數男人都知道，女人常用難以捉摸、似真似假的話來試探男人，或者對男人表達好感。現在最應該做的，就是敏銳地把握時機才對。

愛美之心，人皆有之，男人愛美女，女人愛帥哥，是天經地義的事。但是，在戀愛時，這個邏輯有時候就不太說得過去了。

曾經有一位好萊塢演技派的男明星，外表並不英俊，但卻個性十足，頗受觀眾欣賞，尤其是女觀眾的喜愛。

有一次，在一個盛大的明星舞會上，這位男明星邀請一位當時很走紅的美麗女明星一起跳舞。

跳舞時，他試探性地問這位女明星：「可能像我這樣不夠英俊的男人沒有資格當您的舞伴。」

這位女明星說：「不，沒有關係，我並非那麼喜歡英俊瀟灑的男人，事實上我討厭輕浮的美男子。」

沒想到，這位男明星馬上回答道：「那真的很對不起妳了！因為我正是這類人。不過，跟最討厭的男人一起跳支舞，也不錯吧！」

這個男人的一段話就是在諷刺那些過分在乎容貌外表的好萊塢電影明星。

其實，不論男人還是女人，對自己容貌有莫大信心的人少之

又少。對很多男人來說，他們都不喜歡聽到女人說：「我最喜歡英俊瀟灑的男人。」而比較喜歡聽到女人說：「我不在乎男人是否英俊瀟灑，只喜歡有個性的男人。」

當然，如果一個男人向女人表達愛意時，這個女人對他說：「我喜歡英俊瀟灑的男人。」而他恰好又不夠瀟灑，這的確令人很尷尬。

不必再仔細說明，我們都知道這句話的意思，言外之意無非就是「你不夠瀟灑，我也不喜歡你這樣的男人」，等於明白無誤地拒絕了你的求愛。

但是，女人很少在拒絕男人的求愛時說出這樣的話，相反，她卻會在雙方已經交往了一段時間以後說出，而且可能男人並沒有提及自己的容貌問題，自己突然說出：「我最喜歡英俊瀟灑的男人。」

按字面意思理解，應該是女人對這個男人的容貌不夠滿意，因此才這樣說的。有些男人在聽了這樣的話以後，會認為女人是在嚴重地諷刺自己，心裡一定非常不愉快，甚至還認為這是女人向他提出分手的藉口。

其實並非如此，女人說這樣的話時，心裡並沒有什麼惡意，只是想側面地表達一下自己對這個男人的好感而已。

換句話說，這句話等於只說了一半，還有一半沒有說出來呢。如果再補充的話，下一半就應該是「我雖然喜歡英俊瀟灑的男人，但你是例外」，或者「我是很喜歡英俊瀟灑的男人，但是跟你在一起我也開心」。

男人聽了這樣的話可能會覺得很奇怪，女人為什麼這樣說呢？如果真這樣想的，為什麼不直接把話說明白呢？為什麼非要把話

留一半？這就是女人的矜持在發揮效用。

　　如果我們能夠換一個角度來思考，問題就很明顯了。女人天生懦弱矜持，她們的柔弱特性會本能地想使自己不受到傷害，幾乎沒有女人願意把自己的弱點洩露給對方知道，因此她們才會將後半段話保留下來。

　　大多數男人都知道，女人常用這種難以捉摸、似真似假的話來試探男人，或者對男人表達好感。

　　如果一個男人從沒有對這個女人表達過愛慕之意，而女人卻認真地說出這句話來，那麼一定是這個女人有問題。

　　總之，如果你聽到女人對你說「我喜歡英俊瀟灑的男人」時，你應該把這句話當作是對你表示好感的話，而不應該認為是她對你的拒絕，你現在最應該做的，就是敏銳地把握時機。

弄清女人的試探，就能通過考驗

 女人提出的「偽裝的抗議」目的就是在試探你，看自己喜歡的人會不會拒絕自己的反對意見，是不是能夠容忍她、真的在乎她。

　　女人的腦袋裡裝滿了各種各樣奇怪的想法。她們在表達某些情感的時候，不像男人那麼直接，而是拐很多個小彎，有時候甚至讓你根本弄不清楚她要表達的到底是什麼。

　　女人經常會有抗議行為，比如會故意跟你過不去，你對她讓步，她又偏偏不願意，有時候讓男人有點摸不著頭腦，甚至還感到很生氣。但是，如果你對女人的抗議過於認真的話，她反而會認為你是個小氣的男人，瞧不起你。

　　女人是喜歡動不動就對男人提出異議。

　　約會的時候，如果你說：「我們去看電影吧。」她就會說：「有什麼好看的！都是肥皂劇。」

　　如果你說：「那我們去散散步吧！」

　　她可能又會說：「我還是想坐一會。」

　　相信一定有不少男性朋友曾經被這種彆扭的抗議搞得不知如何是好，可能一些脾氣很好的、很溫柔的男人能夠接受女人這樣幾近無理取鬧的意見。這樣的男人確實可算是相當寬容，並且能夠諒解別人，不過，對方究竟希不希望你對她這麼溫柔體貼，還

是另一回事呢。

　　某些時候，女人的無理取鬧是對你的一種試探，試探你對她的承受程度，對她的愛究竟有多深。

　　有些時候女人反而希望男人可以不顧她的抗議，強迫她聽從他的安排。尤其是當女人所反對的都是些微不足道的小事時，正代表她要看男人的反應，以確認他對自己的感情。

　　如果你打算晚上邀請她一起去兜風，她可能會提出抗議：「這時候去兜風，要幾點才能回來呀？」

　　如果這時候你聽從她的建議，打消這個念頭，絕對不是上上策，因為她所要表達的與她口中說出的並不是一致的。當然，也可能是她真的有些擔心，不過如前面所說的，她的目的還是要試探你的反應。

　　女人提出的「偽裝的抗議」目的就是在試探你，看自己喜歡的人會不會拒絕自己的反對意見，以此來證明你是否具有男子氣概，同時也是為了試探你對她的心意，是不是能夠容忍她、真的在乎她。

　　如果你不明白女人的這些心理，反而與她爭辯，很可能她會認為你是一個沒度量的男人而討厭你。

　　那麼你也許會問，究竟什麼時候女人的抗議是試探、是假話，什麼時候又是在真的抗議呢？記住，女人如果真的對你提出抗議的話，往往會以激烈的方式進行，並且還伴隨著眼淚和自嘲。

女人提問題，是為了確定心意

女人向男人問了無數個問題，最終目的只有一個，就是在試探你有多愛她。聰明的男人此時會適當地對女人說些甜言蜜語，堅定地表示對她的感情和愛意。

女人和小孩都有一個共同點，就是喜歡問一些愚蠢的問題。

面對純真的孩子，我們可以直截了當地用真理來回答，但是女人的問題總是使男人防不勝防，總會莫名其妙地突然竄出一個問題來試探，而且要男人當場回答，這讓男人很頭疼。

回答的是她想聽的答案還好；如果不是，恐怕你就要遭殃了。但說謊話呢？一旦女人發現，恐怕又是鬧得雞犬不寧！

要應對女人的這種試探方式，男人們要牢牢記住，在一定程度上，不說真話也不算犯錯誤，你的宗旨就是哄女人開心。如果掌握了這條規律，相信你是能夠應付得了女人的試探的。

女人提出的愚蠢問題也是千奇百怪，比如今天她可能突然問你：「你看我眼角是不是有皺紋了？」雖然你覺得她說的就是真話，但此時你不能說真話。你可以鄭重其事地戴上眼鏡，花些時間仔細觀察，然後用力地回答：「沒有！一點都沒有！」這樣女人才高興。

如果你聽了女人的話後，馬上就給予她「沒有沒有」的回答，雖然話是一樣的話，但效果肯定不同。女人會覺得你在應付她，

對她不夠重視，甚至還覺得你不愛她，於是傷心、失望，與你吵架，這都有可能發生。

女人有時候也會跟你撒撒嬌：「你是不是覺得我很討厭，很無理取鬧，你是不是不愛我了？」

雖然你並不是不愛她，但的確有點討厭她的無理取鬧，此時你絕對不可以直接回答你不喜歡她的行為。

你要和藹地回答道：「不會！這樣的生活才有情趣嘛！」其實女人就是在試探你，看你是不是還在乎她，這對她來說很重要。

解答這類問題時，要時刻保持清醒，絕對不能心裡想什麼就說什麼。你要回答她心中預設的答案，一個會讓她歡喜無比的答案，一個讓她的試探有意義的答案。

此後，不管她再如何的重複試探，你只要耐著性子說些討好的謊話，捧上這個唯一答案，相信你會看到她的笑容比太陽還燦爛，你們的日子也會一直融洽。

女人還會透過給你選擇題的方式來試探你，她會假裝很寬容地讓你有選擇的空間，但其實，大家都知道該選哪一個才會讓她高興。

比如在同學的聚會結束後，女人會緊緊挨著你，然後試探地問道：「我和你朋友的老婆誰漂亮？」

儘管你非常清楚她沒朋友的老婆漂亮，但如果你這樣說，無疑是在給自己找麻煩。所以你應該這樣說：「她怎麼能有妳漂亮呢？妳看她臉上的皺紋，都可以開扇門了！看妳的皮膚多光滑！」

然後女人會撒嬌跺腳地說：「你騙人！我哪會比她漂亮啊！」但是你放心，她心裡是不會真的這樣想的，而且對你的態度也是

好得不得了。

要是女人試探性地問你：「我和你原來的女朋友比，誰對你更好？」其實時間長了，每個女人都一樣，哪能分得清誰好誰不好。但如果你這樣誠實地回答，以後就別指望過清淨日子了。

所以，你的最佳答案就是：「妳應該知道，我的心裡就妳一個女人，也只有妳才對我最好。」女人此時一定非常高興。

女人比較重視的日子，比如生日、結婚紀念日等，你最好不要忘了，而且要適當地給她一點表示，否則她會找你麻煩的。她會沒完沒了地問你為什麼這樣不重視她，連份小禮物都不肯送。

如果你處理得不夠妥當，很可能接二連三的問題就會出現了：「你是不是不如原來愛我了」、「你為什麼最近總在街上看別的女人」、「如果你愛我，為什麼連我的生日都不記得」……讓你頭暈目眩，解釋不清。

其實，女人向男人問了無數個問題，最終目的只有一個，就是在試探你有多愛她。如果此時你答不上來，她便會對你的感情表示懷疑，女人就是這樣不自信。聰明的男人此時會適當地對女人說些甜言蜜語，陪她一起細說當年浪漫的往事，回想過去經歷過的風風雨雨，然後堅定地表示你對她的感情和愛意。如此一來，即使出現點小問題，也可以處理完善，不會影響你們之間的感情。

如果你真愛這個女人，對她的各種試探，應該儘量往好的方向說。當然啦，如果你們之間真的存在一些問題，那麼要在她平靜的時候，坐下來與她好好談談，女人也不是所有的時候都不講道理的。

女人說分手，其實是想被挽留

 當你聽到女人對你直接提出分手，或說你們的關係到此為止之類的話，一定不要感情用事，她這種試探並非真的要跟你分手。

　　兩個人相處，總會出現一些問題，比如吵架、鬧彆扭。有時候，當兩個人吵架吵得比較嚴重的時候，女人就會提出：「我們分手吧！」

　　如果你遇到這種情況，可能會產生本能的憤怒，為女人的絕情而氣惱，覺得這個女人根本不愛你，不重視你，為這點小事就要跟你分手，放棄你們的感情，於是會朝著女人大聲呵斥。在女人真正轉身的那一刻，你除了悲憤地看著她的背影離去，卻沒有說出一句挽留的話！

　　其實，女人這樣說並不是真的想跟你分手，她是在試探你的感情，看你對她提出分手是否真的在乎。

　　她離去的一路上都在期待男人會從後面追上來，拉著她的手，苦苦哀求她不要走。

　　如果你不能領會女人此時的心情，只是看著她這樣遠去，愛情很可能就真的這樣夭折了！

　　男人怎麼能懂女人？她說分手其實只是為了被挽留！

　　實際上，每一次說分手，女人都會感到很害怕，她怕你們的

感情真的會到此為止，但又真的很想試探一下你對她的感情有多深。儘管女人的這種行為看起來有點蠢，卻也是她的真情流露。

每一次說分手後，女人都很期待男人的挽留，讓她知道你在乎她，你捨不得她走；每一次說分手，女人都很無奈，因為你的一些微妙變化讓她不再肯定你是否還那樣愛她，所以她拿放棄做賭注。

如果輸了，只是你真的不夠愛她！所以，當分手真的成了事實，女人往往會傷心欲絕。這點男人能懂嗎？

大多數女人直接對你說分手，其實是真的愛你、在乎你，只是你的一些微妙變化，總讓女人覺得恐慌和不安，她這樣做只是想試探一下你是否真的還愛她。

女人對自己提出分手的要求，往往是這樣想的：愛情的迷茫和不肯定會讓自己有足夠的勇氣，因此早已做好準備，等待男人最糟糕的答案。

她們認為愛情就如同一個開關，「啪」地一聲打開，「啪」地一聲關閉，以為及時拔掉電源就可以倖免於難，以為分手可以解決所有的困惑、痛苦和憂鬱。話雖如此，其實女人最希望的，還是她在提出分手時你的挽留！

然而，這都是女人的一廂情願，男人是不懂的。

男人只是默默看著自己心愛的女人就這樣離去，不去挽留，於是女人才會心冷。

女人如果真的想跟一個男人分手，通常是不會那麼直接提出來的。相反，她會用一種很委婉的口氣告訴男人：「我知道你對我很好，我知道我跟你分開後可能再也遇不到你這樣對我好的人

了，可是……」

　　她們往往就是這樣對男人提出分手，而且會異常冷靜，這表示她已經對這個男人沒興趣了。

　　所以，當你聽到女人對你直接提出分手，或說你們的關係到此為止之類的話，一定不要感情用事，她這種試探並非真的要跟你分手。如果你把她的話當真了，那麼你很可能真的就這樣失去她了。

　　此時，最好的辦法就是儘量挽留她，或者先保持沉默，等她感情平靜下來後，再去找她好好談談，相信你們是可以恢復到從前的樣子的。

「結束關係」不代表真的結束

女人對你說要「結束關係」的話，肯定是對你某些方面有不滿情緒，所以你也應該主動檢討一下自己，看看自己是不是真的有讓她不滿意的地方。

　　女人在表達她們眞正想法的時候，總是千奇百怪，甚至經常是正話反說。如果男人只是從她們話的表面來理解她們的意思，那肯定是要吃虧的。比如，當女人對你說：「我們的關係到此爲止吧，以後都別再來往了。」你會怎麼理解？

　　你肯定會覺得這是她向你提出分手，以後眞的不打算再跟你交往了，於是你覺得自己沒希望了。

　　事實是這樣嗎？恐怕不是。

　　我們不難想像處於婚外情的女人經常會對無法給她未來的男人說這類話，但這也許並不是她的眞正想法。她之所以這樣對男人說，也許只是想引起這個男人對她的重視。

　　當然，不是在婚外情中的女人也是會經常這樣試探男人的，如果男人聽後，以爲女人眞的已經做了決定，反駁也沒有用，於是沉默不語，一定會招來女人的埋怨：「你根本就不愛我，你太無情了！」提出結束關係的是她，結果錯反而在男人這邊了。

　　當你聽到女友這樣對你說時，千萬不要輕易地答應對方的要

求，除非是你也想分手，正好可以藉這個機會，否則這很可能是她在試探你的感情。

遇到這種情況，最好的辦法就是先不要多說話，等她心平氣和後再好好哄哄她，基本上是沒有大礙的。

如果你真的以為她要跟你結束關係，而你又很尊重她，不想讓她為難，於是答應她分手的要求，一定會被她罵「沒良心」、「薄情郎」的。因為，女人在說這句話時，多半並非出自她的真心，只是一句試探愛意、自欺欺人的謊言而已。

如果她是面對面地對你說這句話，那麼請你相信，這八十％是一句謊言。因為女人如果真的希望和男人中斷關係，十之八九是不會面對面直截了當地提出來的，這與女人的性格有關。

這是因為，大多數女人都害怕自己提出中斷關係後，男人會一再追問分手的理由，又怕自己解釋不清，而且她們更擔心對方不同意中斷關係，進而引起種種不必要的爭執。

她們如果真準備結束關係，首先肯定會捧你：「我知道你對我很好。」男人聽了這話先別高興得太早，因為她們多半還有後半句：「但是……」

她們總是先給男人一個糖果吃，然後再委婉地提出中斷關係的要求，聰明的男人應該知道現在她們說的是真話還是假話了吧？

然而，就算如此，當女人直接面對男人，說出「我們的關係到此為止」的話時，男人也不要以為只要不理女人，等女人氣消就沒事了。男人必須想清楚，女人對你說要「結束關係」的話，肯定是對你某些方面有不滿情緒，所以你也應該主動檢討一下自己，看看自己是不是真的有讓她不滿意的地方，否則當她真的無法忍受的時候，提出分手，就沒有挽回的餘地了。

女人無理取鬧，是試探男人好不好

 如果你發現某個女人在你面前經常無理取鬧，或者故意做錯事，你應該留心一下了。也許她正在試探你是否對她有好感。

有時候，你真的搞不懂女人到底在想什麼，她們時而溫柔得像一隻小貓，可是無理取鬧起來，真的讓男人受不了。

但是，你是否仔細地追究一下她無理取鬧背後的真正意圖呢？也許，她是在試探你什麼呢！

曾經有這樣一部美國喜劇片，其中有這樣一個情節：

在咖啡店做事的女服務員覺得經常來店裡喝咖啡的一位年輕男人喜歡上了自己，但又不能確定，於是就找她的同事替她出主意，看怎麼樣試探一下他的真心。

她的同事對她說：「你朝他的膝上潑點水，看看他的反應就知道了。」

於是這位女服務員拿著一杯水，走到這個男人的座位邊，假裝不小心把杯中的水潑在他的膝蓋上，然後道歉說：「真對不起！」

這位年輕的男人非常有禮貌地回答：「哦，沒有關係，很快就會乾的。」

看來第一次的測試還算合格。

這位女服務員馬上向她的女同事打出「OK」的信號，然後走回吧檯。但她的女同事說：「還不夠！妳還得繼續試探他一下。」於是為她倒滿一杯咖啡交給她，讓她繼續潑在男人身上。

女服務員聽了她的話，把咖啡潑到了男人身上，但是這個男人仍然不生氣，還是很有禮貌地說「沒關係」。

這位女同事見沒什麼效果，卻還喊著：「還要繼續測驗。」

她要求女服務員把整整一桶的水都潑在男人的臉上，最好從頭淋到腳，並且用水果餅打男人的臉。

到最後，女服務員問筋疲力盡的年輕男人：「你真的會原諒我的不小心嗎？」

年輕男人狠狠地點點頭，然後就昏了過去。這時，她的女同事才對她說：「你可以嫁給他了！」

當然，這只是電影中女人的無理取鬧，但是在現實生活中，女人也的確會想出各種怪念頭來對男人進行試探。

一般來說，女人大都是因為過分緊張才會在男人面前出洋相，她越想在這個男人面前表現得好一些，就越緊張，於是越容易做錯事。

往往是因為她對這個男人有了好感，但心裡又不確定，不知道男人是否對自己也有好感，心裡感到非常不安，結果可能打翻了盤子、弄倒了茶杯，或者弄錯了檔案等等。

另一方面，女人有時候也會自己主動確認一下自己的感覺，那麼她就會像電影裡的女服務員一樣，想出各種辦法來試探男人是否對自己有意思。

她們會故意在男人面前做出很多冒失的舉動，比如，當你跟女人一起吃飯或喝酒時，平時不會喝酒的她那天突然喝醉，而且

對你糾纏不清。

　　表面看來，這好像只是喝醉的正常反應，實際上，這也很可能是她在試探你的反應，她這樣做，就是看你會不會不辭辛苦地照顧她、關心她。

　　這只是女人試探男人的一種常用的小伎倆罷了。

　　如果你發現某個女人在你面前經常無理取鬧，或者故意做錯事，你應該留心一下了。

　　也許她正在試探你是否對她有好感，如果你對她印象也不錯，那麼這正是一個難得的好機會，你要好好把握。

　　但要是你對她沒什麼意思，要及時識破她的企圖，用適當的方法處理問題，別讓女人誤解了你的意思。

外型不搶眼，
就要有其他優點

外表平庸但卻善良的男人，

要先衡量一下自己究竟是哪裡吸引了對方，

究竟有沒有其他的優點

值得女人不介意自己的容貌。

女人的惺惺作態，出自戒備心態

 女人對一個過度關心她的人會產生本能的懷疑感，總覺得對方懷有不良的企圖和動機。

　　有人說，男人是為了讓女人安心，才不得不說謊話的，女人則是為了顧及男人的自尊心，而不得不說假話。

　　男人通常為了讓女人有好感，會向女人說出「花言巧語」式的謊話；同樣的，女人往往為了不讓男人輕易追上，也會透過一些口是心非的假話試探男人。

　　因此，與女人交往時，男人往往會和女人一樣感到不知所措，害怕自己摸不透女人的心理、誤解女人的話語而出現糗事。

　　男女在交往過程中，的確有很大的區別，如果沒有掌握彼此的心理，恐怕真的會把一樁好事搞砸。

　　女人在大多數的情況下，都懷有戒備的心理，很少求助於陌生人的協助，即使在很需要的情況下，如果身邊沒有熟悉的人可以求助，她們也會儘量自己解決麻煩。

　　因此，如果男人在下雨天看見一個陌生女人沒有帶傘，而打算送她回家，最好先停下來考慮一下，因為她很可能會認為這個男人圖謀不軌。

　　事實上，女人拒絕男人的關心並不是因為他看起來像恐龍。

女人的這種心理出自天性，是一種與生俱來的生物學性質，由於
強烈反抗心理和脆弱心理，因此對生理上、感情上突如其來的刺
激往往不容易接受。

　　女人在判斷某件東西或某件事的時候，很少從理性的角度進
行判斷，通常是完全依據自己的情感好惡來進行。

　　但是，如果一個女人對某種東西或人極度關心和渴望時，她
的精神狀態又會過度敏感，產生本能的戒備心理。

　　因此，當渴望和關心的對象真正出現在眼前時，她們會一時
承受不了這種刺激，反而表現出言行不一的拒絕。這種狀況其實
不難理解，就像在黑暗中摸索光亮的人一樣，如果突然一道強光
刺來，眼睛反而會本能地閉上。

　　對事物的渴求也是相同的情況，一個十分渴望得到的東西，
如果突然得到了，內心反而無法立刻接受下來。想要把妹就應該
遵守這個準則，必須要循序漸進，千萬不可操之過急，否則她只
會對男人戒備更嚴。

　　有時候，女人對一個過度關心她的人會產生本能的懷疑感，
這就是她的戒備心理作祟，總覺得對方懷有不良的企圖和動機。

　　比如，如果一個男人和一個女人剛認識不久，就請她一起吃
飯或者看電影，即使她很喜歡這個男人，也很想去，但是往往會
先拒絕他。

　　拒絕並不代表她對他一定沒有好感，而是她的戒備心理促使
她做出這樣的決定。女人此時不會覺得是她自身的魅力吸引了男
人，才使男人請她吃飯或看電影，而是會設想一定是他對她有什
麼不良的企圖。

　　這也是女人一種自我保護的方法，而且這種心理在女人中是相當普遍的。

　　女人有自我防衛的本能，在精神上也常常會發生這種拒絕反應。有一些女人，尤其是剛開始與男性接觸的女人，經常因為害羞而一直不敢在男人面前露面。雖然這也是因為存在著戒備心理，但無疑是過度自我保護的極端例子。這種女人缺乏自我意識，尤其是自信心不強的一種軟弱表現。

　　男人只要摸清楚了女人的心理，懂得女人這樣做的原因，並善於體貼女人，就會明白很多時候女人脫口而出的不一定是真話，也才會知道如何打開女人的心扉，讓自己更容易被女人接受。同時還能進一步發現，在女人拒絕的背後，其實還包含有無限的柔情與愛意。

「三人行」的約會，男人要隨機應變

 「三人行」的約會是很乏味的，如果你覺得她對你沒有好感，那麼你就大錯特錯了。因為事實可能與你的想像恰好相反。

好不容易約到心儀的女孩，一定令你興奮不已，內心的高興甚至無法言喻。於是在開始約會的前幾天，你已經開始精心計劃約會的內容：時間、地點、約會的場景，約會後的活動，可以一起看場電影，或是一同去咖啡廳喝杯咖啡，或許還可以……

結果，到了約會的那天，她準時赴約了，可是身邊卻還帶著另外一個女人，一定會令你大失所望。因為這讓你精心安排的一切都化為烏有，所有瑰麗的兩人世界甜蜜想像也全都成為泡影，想必此時你一定感到非常沮喪。

「三人行」的約會是很乏味的，也有點不可理喻。但是，如果你感到很失望，甚至很沒信心，覺得她對你沒有好感，是在要你，那麼你就大錯特錯了。

因為，事實可能與你的想像恰好相反，要是你因此失望，以後不再約她，可能真的就會失去機會了。

試想，如果你受到別人的邀約，但你根本不想去，那麼你會怎麼做？

一定會找很多藉口不去赴約。女人也是如此，如果她真的對

你沒有什麼好感，是無論如何都不會答應與你約會的。

那她帶朋友一起赴約，又是為什麼呢？

首先，這就是女人的戒備心理發揮效用。即使她覺得很相信你，但還是有點戒備，這樣做是希望用朋友來保護自己。如果你表現得很紳士，那麼她的這種戒備，就會隨著交往的深入和瞭解的進一步加深而慢慢消失。

其次，她這樣做也可能是在對你示威。

也就是說，她想透過這樣的方式告訴你，自己並不是那麼容易追求的，想將她追到手，你就要更加努力。因此也會帶朋友一起來赴你的約會。

不過，還有一種可能就是，她希望可以讓朋友為她評個分，幫她鑑定一下是否應該接受你的追求。

如果你表現得落落大方，她和她的朋友都會接受你；但如果你對這樣的約會表現得灰心、頹喪，忘了保持應有的風度，那你可能真的沒有希望了。

想要撩妹，你必須要時時摸索女人的心理，不要總從男人的角度來認識女人，因為男女的心理是不同的。只有這樣，你才能「衝破」女人設置的重重「關卡」，將心愛的女人擁入懷中！

相親只是藉口，堅持才有成果

如果你聽到女人說：「我準備相親結婚」，
大可不必理會，只要一如既往地堅持到底，
她也會被你的誠心感動而放棄堅持。

　　大多數的男人與女人總是對愛情滿懷憧憬，但是彼此對愛情
的感受不同，解讀愛情語言的方式不同，結局自然也大不不同。

　　女人是種很奇怪的動物，但是，對於男人來說，也許正是因
為女人的奇怪，才讓他們更有興趣和女人交往。

　　不知道你有沒有這樣的體驗，自己喜歡的女孩子已經名花有
主，但你又非常非常喜歡她，怎麼辦呢？

　　這時候，你身邊的一些朋友一定會這樣鼓勵你：「只要她還
沒結婚，你就有權利追求，你就有希望！」

　　聽了這番話，相信你自己也信心大增，儘管這對你來說有點
困難，但是當你真正追到喜歡的女人時，心中一定非常有成就感。

　　實際上，這樣的話永遠不過時。

　　過去，婚姻大多是父母之命、媒妁之言，很少自己選擇對象。
是現在不同了，能夠追求自己喜歡的異性，並與之結為眷侶。而
且，現在的人也都不太喜歡相親結婚，覺得很「落伍」。

　　如果你聽到女人說：「我準備相親結婚」，就認為她的思想
陳舊而打退堂鼓，放棄追求她，那就是你的錯了。雖然這種情況

也可能是眞的，但是這絕對不是你放棄她的理由。

　　女人這樣說，可能有兩個原因，一個原因就是她們原本是個很開放的女性，與男性的交往經驗非常豐富，她們已經玩膩了戀愛遊戲，所以要改變一種方式來選擇終生伴侶。

　　還有一個原因就是她們幾乎沒有戀愛的經驗，因爲對男人懷有強烈的戒備心理，才說出這種違心的話，以「我想要相親結婚」拒絕對方。

　　男人如果聽到這種拒絕，就認爲這個女人思想陳腐、守舊，因此而灰心喪氣的話，女人只會更加退縮，而無法從「戀愛恐懼症」的陰影中走出來。

　　因此，當你想追求的女人說出這樣的話時，不論出於何種原因，大可不必理會，只要一如既往地堅持到底，即使她原本眞的抱著要相親結婚這樣的心理，也會被你的誠心感動而放棄堅持。

　　這就是追求心上人的法寶：堅持、堅持、再堅持。

外型不搶眼，就要有其他優點

 外表平庸但卻善良的男人，要先衡量一下自己究竟是哪裡吸引了對方，究竟有沒有其他的優點值得女人不介意自己的容貌。

不能否認，一些女人的確不在乎男人的容貌、出身、職業，或者有沒有足夠的錢，只要彼此相愛就心滿意足了。

但是，也同樣不能否認，女人嘴上說不在乎男人這樣、不在乎男人那樣的時候，內心裡卻是希望從這個男人身上得到更多的補償。

有信心而外型不出色的男人經常會這樣鼓勵自己：「男人不必過分重視自己的外表，真正重要的是內涵和能力。」對自己的容貌信心不足的男人，聽到這句話時，一定會覺得他說出了自己的心裡話。

可是，有一點同樣不能忽略，那就是容貌略差的男人最後可能仍舊無法逃脫被自己心愛女人拋棄的命運。

當然，並不是全部的女人都如此，但所謂「愛美之心，人皆有之」，誰都不能保證這種情況不會發生，尤其是當你其他的條件也與容貌一樣差的時候。

不管是男人還是女人，都希望能夠追求到俊男美女，因為愛美、崇尚美是人類的天性。可是，也有女人對其貌不揚的男人說

「男人不必重視外表」或者「男人長得怎樣並不重要，只要心地善良有涵養有能力就足夠了」。

　　真正心地善良有涵養有能力，但長得卻並不怎樣的男人聽到這些話後，以為對方真是個溫柔體貼、大度寬容的好女人，自己終於找到了知音，然而實際上的情況卻不是如此。

　　只要仔細想一想，就會感覺出女人其實對男人的容貌是非常介意的，除非這個男人真的有其他很吸引女人的地方，比如財富、幽默、才華超群或是憨厚可愛……等。否則她特意對其貌不揚的男人說這些話時，心裡想的是「你的長相我雖然勉強可以接受，但你必須在其他方面特別突出，給予我補償」，這些補償也許就是她還會向你提出額外的要求，比如金錢、物質……等。

　　外表平庸但卻善良的男人，聽了女人說她不在意自己的容貌時，一定要先衡量一下自己究竟是哪裡吸引了對方，究竟有沒有其他的優點值得女人不介意自己的容貌。如果真的沒有，就要謹慎應對了。

　　如果你很樂於聽信這種謊言並感到得意洋洋，還願意破財的話，那麼從某個角度來看，也許是和平的景象、不錯的選擇。但如果得意忘形了，就很可能遭到被狠狠甩掉的命運，到那時就只有自歎命苦，獨自悲傷了。

女人真的不在意年齡差距？

並不是說少女和老男人之間就一定無法產生愛情，但這種愛情還是比較少見的，最好不要將這種美事與自己聯繫在一起。

如果問一個女人：「妳會因為愛，而嫁給一個大妳二十歲的男人嗎？」她可能會回答「會」。

但如果你問她：「妳會因為愛，而嫁給一個小妳二十歲的男人嗎？」這時候，她可能就會有些猶豫了。

現在很多女人都是愛情至上而不講其他條件，所以在回答第一個問題時，她們會遊刃有餘，但在回答第二個問題時，可能就會躊躇不決了。

這也難怪，傳統的婚姻模式，一直都是男大於女。至於大多少歲，每個女人的心裡可能都有一副自己的小算盤。

如果你的年齡比女友大很多，甚至是她的雙倍，談到結婚的問題時，她表示「只要我們相愛，年齡不是問題」，你因此而感到非常幸運，對她的愛也大大增加，那麼在這裡要提醒你，最好還是保持清醒的思維來看待她的回答。

當然，大多數女人在選擇結婚對象時，的確希望對方能夠比自己大一些，這樣可以讓她們有被保護、被寵愛的感覺。近年來在年輕女性中流行起「喜歡中年男性」的風氣，她們對同年齡的

年輕男性往往不屑一顧，而選擇人生經驗豐富、經濟狀況良好而且成熟的中年男性作爲交往的對象。

但如果年長的歲數過於明顯時，女人還是表示她不在乎年齡，可能就值得懷疑了。女人可不是如此寬容的，試想，女人難道真的願意將正值青春年華的自己交給一個年過半百的老頭嗎？

這並不是說少女和老男人之間就一定無法產生愛情，但大多數情況下，這種愛情還是比較少見的，最好不要將這種美事與自己聯繫在一起。

當雙方年齡差距很大時，女人最常掛在嘴邊的一句話就是：「年齡差距不是問題。」這句話可以解釋爲：「無論我們兩個人看起來多麼不相配，但我都把你看成是戀愛和結婚的對象。」

聽起來真是令人動容，這真是一種純情的表白，沒有什麼話能比這句話更能讓老男人感動。不過，如果你聽到這句話就信以爲真，那就極有可能已經陷入了她的圈套。她對你年齡的寬容很有可能因爲其他因素，她希望可以透過自己對這方面的寬容得到其他的補償。

不論是男人的年齡比女人大很多，還是女人的年齡比男人高很多，大多數人還是很在乎年齡差距的。

美國一位女演員與比她小十一歲的日本男士結婚，當記者採訪時詢問她是否在意年齡差距時，她回答說：「我一點也不在乎年齡的差距，只要我不看鏡子就行了。」

這句話聽起來似乎是不介意，但卻也正說明了她對年齡差距很在意，否則爲什麼不照鏡子呢？不照鏡子正是因爲害怕看到自己比年輕的丈夫衰老。

當女人的歲數比男人小時，也會有相同的情況。鏡子會無情地反映現實，如果雙方真的不在乎年齡差距，就應該保持自然平靜的態度。這位女演員對記者特別強調這一點，就說明她很介意年齡的差距問題。

現在，有很多女人為了金錢或生活享受，或是想繼承對方的遺產，主動接近年紀大得幾乎足以成為自己父親的男人。這類女人的心中根本沒有愛，卻常常口是心非地說：「只要我們相愛，年齡差距不是問題。」

她們說這種話只是在欺騙男人而已。

當然，我們也不能否認真的有不在乎年齡差距的女人，但如果女人真的愛上與自己年齡差很多的男人，會害怕別人懷疑她對男人有所企圖，為了證明自己絕非如此，會儘量不讓男人有金錢上的負擔。

所以，最好還是不要輕信女人那些對於年齡不計較的假話，否則到頭來吃虧的肯定是你自己。

女人愛嫉妒，男人要小心應付

嫉妒在某些女人身上，就好像一種永遠也戒除不掉的毒癮。嫉妒膨脹到了忌恨的地步時，她們的面目就會變得十分可怕。

　　女人與男人交往的過程中，一發現自己沒有其他女人的優勢時，便會產生嫉妒心理。而且她們不僅僅是嫉妒女人，有時候對男人也會產生嫉妒的心理，這種心理在工作中表現得特別明顯。

　　對女人來說，嫉妒多半是因為懷疑自己的所有物被侵犯或被佔有，進而引起的一種恐慌或不安的心理，所以它並不完全限定在男女的愛情之間，只要出現了比自己有力的競爭者，威脅到自己的領域或地位時，就會對競爭者產生嫉妒心和憎惡感。

　　嫉妒並不是女人的專利，它和男女的性別無關，男人也會嫉妒。但男女嫉妒的內容不同，表現形式也不太一樣。

　　男人也有嫉妒心理，但他們的嫉妒對象往往比較固定，嫉妒的原因也比較明確。女人不同，對她們來說，所有女人都是她們的競爭對手，都具備被嫉妒的條件。

　　而且，女人的立場也不堅定，儘管大家成天強調男女平等，但實際上這種平等是不存在的，很多女人一旦失去男人的保護，有可能就會陷入淒涼的生活境地，而從她手中奪去這些的，大多都是和自己沒有多大差別的其他女人。

　　因此，女人為了保護自己所愛的「所有物」不被奪走，就會燃起嫉妒的火焰來保護自己。

　　女人的嫉妒完全屬於非理性的情感範疇，有時候甚至會莫名其妙地產生嫉妒的心態。當一個女人嫉妒時，並非經過理性的思考分析之後，覺得應該嫉妒了才會嫉妒，而是忽然間就開始嫉妒。

　　這讓男人覺得很不可思議，男人會覺得這有什麼大不了的，值得這麼嫉妒嗎？可是她偏偏就是嫉妒了，而且還嫉妒得不可抑制。女人的嫉妒發作時，就是一種瀰漫性的情緒化發作。

　　對於嫉妒中的女人，男人往往感到不知所措，勸也不是，不勸也不是，只好等她風疾雨驟地將這陣嫉妒的颶風吹到別處。她的嫉妒就像是決堤的潮水一樣洶湧而來，任誰也無法阻止。

　　有些女人嫉妒起來非常駭人，可以不顧一切地撕破臉，全然不會顧及周圍有什麼人，會當眾讓人難堪得無地自容。

　　由此可見，女人的嫉妒帶有一定的危害性。

　　女人最強烈的嫉妒表現在情感方面，有些女人一旦走進愛情，就想把男人死死地掌握在自己的股掌之中，拿捏得穩穩的，好像男人也成了她的私有財產。

　　男人在她眼裡成了一件稀世珍寶，她時時都會小小翼翼地監護著，連睡覺也都得睜著一隻眼睛。這讓男人幾乎喘不過氣來，這種日子，男人也只會覺得越過越苦，越活越累。

　　可是，再怎麼會哄女人的男人，對待女人的嫉妒心方面大都顯得束手無策，不知道該怎麼做，才能讓女人不嫉妒。

　　男人的這種想法是極為幼稚的。嫉妒在某些女人身上，就好像一種永遠也戒除不掉的毒癮。她們會產生一種莫名其妙的精神

性依賴，嫉妒會飛快地膨脹，當膨脹到了忌恨的地步時，她們的面目就會變得十分可怕。

當女人的嫉妒心發展到了壓抑不住、時時想要噴發忌恨情緒的時候，男人的苦日子就真正到來了。

其實，男人也會嫉妒，只是男人通常會將自己的這種嫉妒埋在心裡，以謊話掩飾，不表現出來。

如果嫉妒心表現於外，就會讓人覺得非常卑賤和醜惡；但是，如果能將這種嫉妒放在內心深處的話，它可能就會和競爭心、愛慾連在一起，產生對人有益的良好作用。男人一般都是善於利用自己的嫉妒心，讓自己進步的。

比如，男人在嫉妒時會這樣想，「我一定要勝過他」、「我絕不能輸給他」、「輸給他讓我覺得羞恥」，這就是由嫉妒產生的競爭心理。如果將這種競爭心表現於外的話，那就是嫉妒了。

所以，嫉妒也有它另外一面，只是看人們如何運用。無論什麼人都會有嫉妒心，這是無法避免的，只是女人不善於控制利用罷了。

因此，當你發現女人開始嫉妒時，一定要保持清醒的精神與理智的思維，才能分析她隱藏其中的真實慾望。

情人嫉妒，需要貼心安撫

 粗心的男士可能發現不了女人的妒意，因而平時一定要多觀察女人的心思，不要做出傷害她們自尊心的行為。

女人的嫉妒幾乎與生俱來，每個女人都或多或少會有點嫉妒心理，只是表現的強烈程度不同而已。

其實，女人的這種心理源於她們的心胸不夠寬廣，造成這種狀況的原因則是由於她們的社會交往圈子小，視野不夠開闊，不像男人那樣，具有比較廣闊的視野面。並且，女人的嫉妒在感情中表現得比較突出，主要是因為女人看待愛情要重於男人，她的嫉妒往往是出於對情人或男人的愛。

所以，當你身邊的女人產生嫉妒心時，也不要因此而覺得她很討厭。

因為，一個女人如果對某個男人毫無嫉妒心，就代表這個男人與她毫無關係，她根本不把這個男人放在心裡，縱使他的身邊有再多女人她也不在乎。

當然，女友或妻子的過分嫉妒的確會讓你大感束縛，很不舒服，最後可能會因為承受不了壓力而與她分手。

可見嫉妒如同味精，在男女關係中加一點點可調味，加多了就會變苦，以致無法入口。

　　很多女人有強烈的自卑感，覺得自己樣樣都不如人，也會使她們嫉妒別人。還有的女人因為對他人的眼光和評價過分在意，經常拿自己與別人比較，當感到自己在某些方面不如別人時，就會產生嫉妒心理。

　　喜歡表現的女人也經常有比較強烈的嫉妒心理，會覺得自己應該表現得比別人好一點，即使只是出了一點點的差錯，也會很介意，由此促使自己妒意大發。

　　這種情況在男女朋友之間表現得比較明顯，比如你和她逛街的時候，瞄了一眼其他比她漂亮的女人；或者你曾在她面前對其他女人表示讚賞，而這些恰好又是她不具備的優點；或者你很興奮地讓她與你一起回憶你過往的羅曼史，並表現出自己對那段時光的懷念……這些都是讓她產生嫉妒的原因。

　　不過，有時候粗心的男士可能發現不了女人的妒意，有時候還對女人的生氣感到莫名其妙，因為女人總是會以假話搪塞。

　　以下是幾點女人在嫉妒時可能會出現的反應，男士們不妨留意一下。

　　如果她平時和你的關係很友好，但突然對你變得很冷漠，不理不睬，對你的話一聲不吭，總是黑著臉，你怎樣逗她開心都沒用。或許是出自報復的心態，她會故意在你面前與其他男人說話、嬉鬧……這些都可能是她嫉妒的表現。

　　任何女人都希望自己的愛侶對自己是一心一意的，同時也都認為自己是很特殊的女人，對愛侶有特殊的魅力，因而你平時一定要多觀察女人的心思，不要做出傷害她們自尊心的行為。

　　每個女人的嫉妒程度各有不同，有的會較為強烈，有的則稍微弱一些，對此你要對自己的女人心中有數，免得她心裡一不舒

服，你也沒有安寧日子過，最後導致你們的愛情觸礁。

男人一旦遭遇女人的嫉妒，可真是件頭疼的事，很多男人不知道如何才能解決，可能最懊悔的就是當初認識她的時候，怎麼沒發現她有這麼多的毛病，否則說什麼也要離她遠遠的。實際上你應該試著接受女人的這種心理，因為幾乎每個女人都是如此，難道要因此而一輩子不接受女人嗎？

對待女人的嫉妒，聰明的男人應該有聰明的辦法。

不論是公司的女同事，還是自己的女性朋友，一旦出現了嫉妒的反應，最好的辦法就是「走自己的路，讓別人去說吧」。沒必要特意採取一些方式方法來對付她的嫉妒，而且即使對付了，也只是治標不治本。因為嫉妒心理本身就是多疑的、愛猜忌的，所以倒不如將有嫉妒心的人當作普通人來看待。

然而這種方式只適用於交往程度普通的女人身上。在對待自己的女友時，可能要稍微改變一下做法，不妨適度地妥協和退讓。比如在適當的時候跟她解釋清楚自己之所以這麼做，並不是不愛她，只是基於工作需要或其他原因，不要讓她本來處於劣勢的心理產生失落和不平衡。

其實，女人雖然表面氣勢洶洶，但內心是極度空虛的，並且還可能隱含著悲觀的情緒。伴侶對待她的態度就是關鍵，多誇誇她的長處，強化她的信心，並試著扭轉她的錯誤想法。

有時候，女人的嫉妒是因為誤會而產生的，這時就需要與她多進行說服和交流，否則誤會就會越來越深，嚴重影響彼此之間的正常感情。

不妨試著在適當的場合帶她一起參加活動，讓她親眼看到你

與其他異性之間的互動情形，這樣不僅可以消除她的嫉妒和猜疑心理，還能夠增強她的自信心。

如果你身邊的女人已妒意大發，此時你應該直接面對她，坦誠地向她說明誤會，表明你的態度，向她保證她才是你最重視的。

除了用語言表達外，還可以透過一些適當的愛的行爲語言，有時還要顯得大度寬宏，包容她的脾氣，才能撫平她的妒意，繼續你們愛的旅程。奉勸你千萬不要對此置之不理，否則她很可能會就這麼離你遠去。

想追美眉，先學會讚美

如果你準備接近某個「哈」了很久的美眉，

想與她建立良好的關係，

或者表達自己的愛意，

首先就要學會讚美。

讓美眉有心花怒放的感覺

想追美眉，最重要的就是要讓她有心花怒放的感覺。首先，你必須鍛鍊自己的口才和臉皮，一開口就讓她高興得花枝亂顫。

女人是右腦發達的感性動物，總是憑感覺處理事情，因此一提起和女人交往，那些沒有女人緣的男人會說：「女人心，海底針，和女人交往很困難，和漂亮的女人交往更困難！」

那些只會直線思考的男人往往不懂女人的心思，也不關心女人的需要，當然無法獲得女人青睞。

如果你不想再當宅男，如果你想鼓起勇氣追求心儀的對象，那麼，你就應該投其所好，試著了解對方的心思，知道她真正想要的是什麼。

很多時候，男人搞不懂女人的心思，是因為女人有太多無謂的矜持或者過分的「自尊」，經常口是心非、言行不一。但是，如果你真的想追求讓你心動的女人，就應該試著去讀懂女人，了解她內心深處的「秘密」。

女人心中大的秘密就是渴望被愛，同時渴望安全感。

其實，每個女人都是需要安全感的，這種安全感有的來自語言，有的來自行動，有的來自心理。對女人而言，沒有安全感，什麼都免談。

女人喜歡聽甜言蜜語，尤其是男人說的甜言蜜語。女人認為這些語言可以帶給她實在的安全，覺得這樣的男人才是愛她、重視她的。

女人是聽覺的動物，再美麗的女人無論怎樣照鏡子都不會滿足，只有聽到男人稱讚她美麗，她才能夠確定自己是美麗的。

這就是語言帶給女人的安全感。

對女人來說，如果要選擇交往對象，一般會先挑選兩種類型的男人。一種是嘴上不會說甜言蜜語，但是行動上卻對女人充滿著呵護的男人。只不過，女人雖然覺得這種男人比較踏實，但總覺得有點美中不足，得不到語言上的安全感，久而久之，心裡就產生失落感。

第二種類型的男人，就是嘴上功夫好得不得了的，善於對女孩使用花言巧語，懂得把她們捧上天。雖然這種男人顯得油腔滑調，讓女人缺少一份實實在在的充足感，但心裡卻覺得甜蜜蜜的很受用。

女人似乎天生愛享「耳福」，所以讓那些一直為女人默默付出的男人們覺得很委屈，甚至在和女人吵架或分析分手的原因時，也常常會咬牙切齒地總結出這一句：「都是因為我對她太好了！」

但是，這些男人根本就不明白，女人是不滿足於男人為她默默奉獻的，儘管她們在行動上得到了男人的呵護，可就是感覺不到安全，沒有聽到愛情的語言，找不到心花怒放的感覺。

是的，想追美眉，最重要的就是要讓她有心花怒放的感覺。首先，你必須鍛鍊自己的口才和臉皮，一開口就讓她高興得花枝亂顫。

其實，這並不特別困難，就像唱歌一樣，一首歌只要你願意練習一百遍，就不可能唱不好。想討好美眉也是如此，你可以收集一些談話資料，不斷地對自己要表達的內容進行修飾、補充、潤色，讓自己的「讚歌」流暢完整，隨時隨地對自己心儀的女人歌功頌德。

女人就喜歡這樣聽到男人對她說的這些話，她會覺得自己在男人心中是完美的、無人能夠替代的，這才是她需要的安全感。

女人都是渴望「耳福」的，適當地對女人說點甜言蜜語並非壞事。沒有這些來自聽覺的「愛的感動」，女人便會覺得悵然若失，找不到安全感，自然對你沒什麼好感。

關心女人，才能贏得女人的心

只要對女人的心思洞若觀火，你會發現追求女人、和女人相處其實是很簡單的事，愛女人則是一件最幸福的事。

　　對於想把正妹的男人而言，一定要謹記兩性作家瑪莎的這段話：「長得帥不帥當然是優質女孩選擇男友的條件之一，但是，男人對她用不用心，卻是最後讓她決定和誰交往的關鍵因素。」

　　其實，外表只是參考，男人長得帥並不能保證一定可以把到正妹，想要把到自己夢寐以求的正妹，重點在於你懂不懂得正妹的心思，曉不曉得適時做出讓她打從心底感動的事。

　　關心女人，才能贏得女人的心。只要你能用心做出打開正妹心房的事，那麼就算你是宅男，照樣也可以把正妹追到手。

　　當一位漂亮的女孩朝你走來，而你又對她心儀已久，你會主動跟她打招呼嗎？你知道怎樣表達能讓她滿意嗎？你在乎她怎樣看待你嗎？

　　當一個你愛慕的女人讓你心情沮喪時，你會認為她真的不在乎你嗎？你是否在乎她跟別人的關係？而你又嘗試過去了解她的心思嗎？

　　當一位交情不錯的女性朋友突然對你疏遠了，你會感到詫異嗎？你會認為是你自己出了問題，抑或是她有問題？

　　當一起生活了許多年、而且每年都送禮物給你的女友，竟然因為一件小事而跟你賭氣爭吵，你知道她真正想的是什麼嗎？

　　女人一直在男人的生活中扮演著重要的角色，可是對於女人，男人又了解多少呢？許多男人自認為了解女人，其實未必。

　　德國哲學家費爾巴哈曾經說過，和你最近的人往往離你最遠。男人和女人有太多的不同，男女之間需要互相了解，但男人對女人的了解似乎很少。

　　許多男人總是埋怨女人。未婚的男士喜歡說，女人怎麼都這麼小氣，連話都不能說嗎？結婚的男士喜歡說，結婚前聰明伶俐、討人喜歡又善解人意的女孩，怎麼轉眼間變成心胸狹窄、斤斤計較而又喜歡嘮叨的婦女？

　　為離婚困擾的男士喜歡說，天底下的女人怎麼這樣見異思遷，對以前深愛過的男人為何一點感情都沒有呢？

　　其實，這都是因為男人不了解女人的心，他們應當知道女人需要關心和愛護。女人習慣於受傷的時候，找到一個關心和愛護她的男人，然後依靠著這個男人的肩膀安靜地、安全地入睡。依偎在男人身旁睡著的女人是幸福的，這樣的女人睡醒後是陽光燦爛、溫柔可愛的。

　　女人總是依附於男人的，她們一生的幸福全靠男人用心地愛護她們、深情地呵護她們。正因為如此，她們是愛男人的，她們會為了她們所愛的男人而改變她們自己，奉獻自己的一生。

　　她們有自己處世的方式，很多時候男人不懂得女人的心思，認為她們稍嫌矜持或者過分地自尊。其實，女人需要交流，希望傾聽，也希望跟愛人成為好朋友；她們很在乎自己的容貌，害怕

自己在愛人眼裡不漂亮，也希望別人讚美她們的美貌；她們有自己的愛情觀，有自己愛的男人，卻不像男人那樣容易墜入愛河；她們不輕易表達自己的感情，總喜歡隱藏她們最深的感情；她們有時會爲自己的感情而身心俱疲，有時也爲自己的男人和家庭左右爲難。

她們是有愛的，她們是爲愛而生的，她們需要別人去了解。

當然，有些男性也是細心的，有時比女性自己更了解她們的心，他們知道女人需要的是什麼，喜歡的是什麼。年輕的女孩喜歡男孩子的帥氣，因此他們總是打扮得又時尚又迷人；成熟的女性最需要安全感，她們喜歡男人對自己關懷備至；女人受傷時最希望有人關心，有的男人這時候就會愛護她，逗她開心，讓她忘記痛苦與感傷；女人爲了自己的愛也會無意間傷害她的男人，但她的男人體會到她的心，所以對此毫不在意。

這樣的男人是幸運的，他們的生活是開心的，他們的事業也是成功的。

尊重女性是尊重自己的表現，善待女性是熱愛生活的標誌。男人只有了解女人，才能更深入地了解自己，才能變得更加聰明、更加成功。知道女人的內心，才能與女人更和諧地相處；贏得女人心的人，才會贏得快樂的生活。

只要對女人的心思洞若觀火，你會發現追求女人、和女人相處其實是很簡單的事，關心女人是自己分內的事，愛女人則是一件最幸福的事。

多用點心，就能擄獲芳心

你是不是正打算對心儀已久的女孩表白？如果你能把握住女人的心理特質，相信最後一定能夠贏得她的芳心。

愛情充滿魔力，總是讓人憧憬不已，但是對於愛情，每個人感受不同，呈現方式不同，會不會發展成戀情，情況自然也大不不同。

真正的愛情是要用心去感受的，如果你想追求仰慕的女性，就應該先明瞭一點：愛一個女人就要打動她的心，讓她有幸福浪漫的感覺。

女人需要理解，唯有多用點心，才能擄獲對方的心。

我們的身邊經常會有看起來很堅強、很獨立的女人，但實際上，不管女人外表再怎麼堅強，內心卻還是柔弱又缺乏安全感的，她們需要男人的細心呵護，不僅是語言上的，也包括實際的行動。

與女人交往的要訣很簡單，就是不斷給她安全感，她並不在乎你一個月賺多少錢，但卻會永遠記得你送給那些花；當她忙碌的時候，適時的關懷會讓她覺得幸福甜蜜；過馬路時，緊緊握住她的手，會讓她覺得安全……只要簡單地做到這些，就會讓她覺得有安全感。

世界上有各式各樣的女人，美麗的、溫柔的、可愛的、聰明

的⋯⋯但無論何種類型的女人，期待幸福的心情都是一樣的，都在等待著一個男人出現，等著這個男人對她好。

對女人好，其實是件很簡單的事情，沒想像中那麼難。朋友P說，她只希望男人不要因爲忙碌而忘記她的生日，除了想聽他在耳邊輕聲說句「生日快樂」外，一份簡單的小禮物、一枝玫瑰便足以讓她心花怒放。

做家務的時候，她並不需要男人一定要全部幫她做，只希望男人能夠在她感到累的時候，輕輕撫摸一下她的額頭；繁忙的時候，適時遞上一杯牛奶，也完全可以幫她驅走所有的勞累和疲憊。

朋友L則說，她最希望在害怕或者孤單的時候，男人在身邊摟著她的肩膀，堅定地對她說：「別怕，有我在！」

看看，女人的要求也不過就是這麼簡單，男人只需要付出一點簡單的行動，就完全可以讓她感到高興，感到安全，也感受到對她的關懷和重視。

你是不是正打算對心儀已久的女孩表白？

如果不知道怎麼讓你們的關係更進一步，不妨約她出去看場電影，如果是感人的愛情片，她在感動得流淚時，你關心地遞上一張紙巾，就會讓她覺得溫暖在心；或者在一起逛街時，過馬路輕輕牽著她的手一起過，如果她沒有把手抽掉的話，那恭喜你了。

如果你和她已經單獨約會很多次，彼此也視對方爲男女朋友，兩人在一起的時候有說有笑，但就是覺得兩人之間有個空隙，那就要運用一下你的聰明才智，採取點行動了。

當她允許你牽她的手時，要用一個把她的手完全包覆住的姿勢來握，這樣會令她有被保護的溫暖感；經過牽手階段後，接下

來便是輕擁她的雙肩了。既然是「輕擁」，自然就是用手輕輕地擁抱著，把她的身體拉近，令她有被保護的安全感，這是女人很需要的感覺。

你的有效行動會令女人感到安全和踏實，可以慢慢培養你們之間的感情，增強雙方的共識。

如果你能把握住女人的這一種心理特質，相信最後一定能夠贏得她的芳心。

想追美眉，先學會讚美

如果你準備接近某個「哈」了很久的美眉，想與她建立良好的關係，或者表達自己的愛意，首先就要學會讚美。

想要把妹，就不要吝於讚美，因為幾乎百分之百的女人都渴望讚美。

不論是在工作中、談天說地時，還是在其他場合，適當地給予你心儀的女人一些讚美和鼓勵，不僅會讓她們對你的好感大增，說不定還有更美的好事在後頭等著你呢！

極品美女是上帝的寵兒，生下來就被讚美包圍著成長。別人的讚美對她們來說，就如同戶外的陽光一般，可以盡情沐浴。

但是極品美女可遇不可求，在我們身邊，絕大多數的女人並未到達極品的程度，她們或多或少會有幾分姿色，苗條勻稱的身材，良好的教育，衣著鮮亮，生活舒適。讚美對她們來說，就如同愛吃的 Haagen-Dazs 冰淇淋，有那麼一點點奢侈，但卻可以讓生活變得浪漫、溫馨，滋味無窮。

女人天生愛美，這是誰都無法改變的事實。也許她們並沒有羞花閉月、沉魚落雁的的美貌，更談不上國色天香，但每個女人都會努力修練著屬於自己的一番風情韻味，最起碼也要當個 B 級美女。

在心底，沒有任何一個女人覺得自己是不值得讚美的。來自外界的一切讚美，尤其出自男人的嘴巴，都會使女人如沐春風般舒心暢快，臉上綻放出自信的笑容，生活瞬間變得更加光輝璀璨。

一個懂得讚美的男人，女人緣一定非常好，不僅能夠與女性融洽相處，而且還可以贏得她們的青睞。

可以這麼說，要想了解女人的內心，「讚美」絕對是打開女人心靈之鎖最「物美價廉」的鑰匙了。

如果你還是孤家寡人，那就一定要知道，讚美女人就好比訂婚戒指所代表的意義。結婚戒指是儀式性、形式性的，很多時候價值不大，但卻能夠給予女人心理上的喜悅。

一般說來，女人比男人更喜歡被人讚美和奉承，這不僅僅是愉悅心情的問題，更因為女人能從男人的讚美和奉承中，感受到自己被重視的程度，進一步肯定自己的價值與存在感，從中滿足自己的自尊和內心需要。

男人正好相反。男人的自尊和內心的需要往往都由自己來決定，即使沒有被別人讚美和欣賞，只要覺得自己做得好，就完全可以心滿意足。

女人的這種心理，多半是因為對自己沒有信心，即使已經長得很正了，心裡總覺得不夠踏實。因此她們慣於依賴男人來證明自己，欠缺男人的讚美，總是無法安心工作和生活。所以，不要吝惜你的讚美，適時的讚美往往就是替自己創造機會。

對於光會對著美女流口水的男人來說，如何讚美無疑是一大困擾。很多「愛妳在心口難開」的男人有時候會認為，整天平平淡淡地生活、工作，哪裡去找哪麼多值得讚美的事呀？有事沒事

都要讚美一下，是不是有點虛假了？

如果你認爲需要每天讚美女人卻找不到題材的話，那麼，可想而知，你一定是個不懂得讚美本質的人。

讚美女人並不需要挖空心思地找題材，現場發揮效果反而更好，即使是十分不相干的事物，只要厚著臉皮，一樣可以找出可讚美的地方。

稍微留心一下，女人會經常被這樣的廣告吸引：「恭喜這位小姐，您是這次活動中唯一被選中的幸運者……」，也有人會這樣向女人推銷商品：「小姐您真的與衆不同，所以我才向您推薦這種產品」、「這件衣服簡直就是爲您量身訂做的」……女人就是喜歡這類的恭維，往這個方向調整就對了！

女人希望自己在男人心中是美麗的、與衆不同的，她們隨時都在想如何保持住自己的獨特性，並且得到一些「證明」。

在女人面前吃香的男人，儘管可能對每個女人都說同樣的話，但卻恰恰搔到了她們的癢處，滿足了她們有別於他人的優越性，即使只是一些瞎掰出來的優勢，也可以滿足女人喜歡被讚美、被重視的「虛榮」心理。

喜歡被讚美的心理，男人也有，只是女人表現得比男人更強烈。如果你準備接近某個「哈」了很久的美眉，想與她建立良好的關係，或者表達自己的愛意，首先就要學會讚美她，而讚美女人的第一步，就是要讓她的心裡產生別人無法比擬的優越感。

甜言蜜語可以拉近彼此距離

 只要你抓住機會發自內心地讚美，便會發現，追求美眉其實沒那麼困難，就算你是宅男，只要勇於開口，照樣可以把到正妹。

讚美女人可以讓她對你很快產生好感，但讚美也要講究藝術。恰當的讚美可以捕獲她的芳心，事半功倍；如果是虛偽劣質的奉承，只會讓女人不屑一顧，甚至還會暗自築起更高的心牆，讓你無論如何都無法靠近。

只要女人覺得你讚美她的話不至於太離譜，即使籠統一點，她也會信以為真，並因此對你產生好感。

比如，你這樣讚美她：「我不知道怎麼表達妳的美，但妳的美就是與眾不同！」相信效果會不錯。

女人的潛意識裡，都希望聽到甜言蜜語，尤其是男人給予的。如果你能觸及這一塊經過層層偽裝的「密地」，即使外表再冷艷、作風再強悍的女人，也會像冰山一樣融解，瞬間變得柔情似水。尤其是「妳很美」這句話最能滿足女人的虛榮心。

當然，並不是所有女人都喜歡這種俗氣的讚美。有人就這樣說過：「讚美美女和醜女時，都應該讚美她的智慧。」

這句話不是沒有道理的。因為，真正的美女早已習慣別人對自己容貌的讚美，而Ｂ級美女對於言不由衷的讚美，反而會覺得

是被諷刺或嘲笑，當然就不會對你有好感了。因此，倒不如換個方式，讚美她的智慧，不管是 A 級美女或 B 級美女，都會有不錯的回應的。

讚美女人智慧的時候，也應該講究點技巧，直截了當的表白可不是聰明的做法，倒不如用點迂迴的方式，即使她早已心裡有數也無關緊要。

「妳真聰明！」「妳太有涵養了！」這種說法太沒新意，也太過直接了，女人根本不會有興趣聽。

倒不如這樣跟她說：「妳的聰明讓我望塵莫及」、「如果沒有妳幫忙，我真的無法獨自完成」。

相信這樣的讚美會讓女人更容易接受，甚至還可能獲得意想不到的效果。

有時候，男人會覺得有些納悶，認為自己已經盡最大的努力讚美了，女人卻不領情，這是為什麼？是女人不喜歡讚美嗎？

不要覺得奇怪，實際上，這很可能是因為你使用的讚美方式不對所致。女人都期待別人的讚美，但如果方式不當，她會感到難堪和惱怒。適當的讚美會成為你和她關係的潤滑劑，要是說得過火，女人就會認為你是虛偽的，或別有用心，對你翻白眼也是理所當然的。

那麼，究竟男人應該如何讚美女人才會收到良好的效果呢？

面對第一次見面或尚不熟識女人，適當的讚美可以拉近你和她之間的關係，這時候你還不了解她，因此不必對她的外貌或性格等方面進行讚美，而應該對她的衣服、裝飾品等具體事物做適當的讚美。這不僅會讓女人高興，她還會覺得你是一個很細心、體貼的人。

最好不要誇張地讚美她，否則很容易讓女人產生懷疑或戒備心理。

聽了你的讚美，或許她並不會明確表態，但只要在讚美時看看她臉上掩飾不住的滿足與喜悅，就不難猜測她心底的期盼了。當然，她也可能會說兩句如「我哪有這麼好？不可能的，你太過獎了」之類的謙詞。但不管她說什麼謙虛的話，你讚美她的目的已達到了效果。

只要你用一雙善於發現的眼睛去欣賞周遭的女人，抓住機會發自內心地讚美，便會發現，追求美眉其實沒那麼困難，就算你是宅男，只要勇於開口，照樣可以把到正妹。

女人謙虛，是見縫插針的好時機

女人表示謙虛，實際上是發出期待讚美的信號。這個時候，正是你見縫插針的大好時機，她越是謙虛，你越要掌握契機全力進擊。

　　愛情進行的過程往往充滿著各種矛盾，男人女人彼此看上眼的時候，儘管有著兩情相悅的相吸作用，卻必須不斷旁敲側擊，才能確認彼此的心意，這對渴望追求美眉的男人無疑是個大難題。

　　其實，這也不能全怪女人口是心非。

　　因為，女人天性如此，總是跟著感覺走，因此和男人交往的時候，自然無法採取明確的因應方式，總是被動地等待男人破解她們內心暗藏的密碼。

　　尤其是平時謙虛內斂的女人，這種情況更加明顯。

　　謙虛內斂的女人是男人很喜歡的類型。

　　謙虛的女人大多平易近人也讓人樂於親近。當然，謙虛並不代表沒脾氣、沒個性，反而正是因為有性格才懂得謙虛，有個性才懂得內斂。

　　其實，謙虛內斂是種自我控制的能力，女人要做到這一點並不容易，尤其是人見人愛的正妹。

　　想要撩妹就必須了解，謙虛並不是女人的天性，很多時候她們的謙虛是希望得到男人的讚美，儘管她們這種內心的期望掩飾

得很完美。

中西方的文化差異比較大，在對待讚美的問題上，東方人和西方人也會有不同的反應。

比如同樣一句讚美女人的話：「妳今天真漂亮」，東方人和西方人在回答之時就不一樣。

東方女性會謙虛地採用否定的語氣：「是嗎？我不覺得呀。」而西方的女人就會這樣回答：「是嗎？謝謝你的誇獎。」這無疑是對稱讚自己的一種肯定。

雖然現代的女人已經不再像古代女人那樣，事事都羞於表達，含蓄得過了頭，但也不會像西方女人那麼喜歡炫耀。這並不是說她們不願意炫耀自己，不喜歡表現自己，其實她們也同樣具有自我炫耀和表現的心理，這幾乎是所有女人的通病，只是她們表達的方式比較隱晦而已。

女人的行為總讓男人覺得有點奇怪，她們甚至就連表現自己都是這樣，總喜歡往相反的方向說。

比如，一個女人的廚藝非常好，她自己也以此感到自豪，但是，如果你讚美她說：「妳的廚藝真棒！」她一般不會說：「謝謝你的誇獎。」相反的，她會表現得非常謙虛：「哪有呀！做得一點都不好，隨便做做罷了！」

這樣的話，表面上在故意貶低自己，實際上她聽了你的讚美還是非常受用的。她之所以反著說，是希望你覺得她是謙虛的，給予她更多的讚美。

男人對女人的這種態度感到非常不解，甚至還會對此提出抗議：「妳要表現、要讚美就直接一點，何必總是反著說呀！」但

作為女人，她們早已經習慣了這種說話方式，也不會覺得自己這樣有什麼不妥。

其實，女人故意謙虛、故意貶低的那個優點，一般也正是她自己最自信的優點，同時也是她最想大力炫耀的。

可是，在她們看來，這樣做會被人認為自我炫耀，所以才故意表現出謙虛的態度，希望以此博得別人更多的讚美。所以，女人表示謙虛，實際上是發出期待讚美的信號。

這個時候，正是你見縫插針的大好時機，她越是謙虛，你越要掌握契機全力進擊。

相信我，只要掌握女人的這種微妙心理，經過幾次努力，你很快就能成為她的知音，擄獲她的芳心。

掌握女人的心理方向盤

 談情說愛的過程中，只要讓女人有了安全感，就等於握住了她的心理方向盤，把兩人帶往幸福的方向。

心理學家說，不論語言也好，行動也好，女人最終所需要的，都是滿足內心的安全感。

心裡有了安全感，女人才會對生活產生希望和熱愛，變得寬容、大度、充滿信心，同時也會變得更加美麗。

不少女人的情感很脆弱，這是無可爭議的事實。但是，這種心理往往被女人視爲一大秘密藏在心底，男人很難準確地察覺到她們什麼時候會產生這種脆弱無助的心態，更不知道這樣的現象是由於什麼原因導致的。

女人的感情世界較男人豐富、細膩而且敏感，但與此同時，她們又常常處在一種擔憂、懼怕和不安之中。

尤其是男人夢寐以求的正妹，爲了應付男人和外界不斷傳達給內心的引誘，無形中爲自己的心理設下一道道防線，不願輕易露出眞實的心思。可是，她們的心理防線卻又十分脆弱，沒有實在的安全感。

究竟是什麼原因讓女人在心理上覺得如此不安全呢？從女人的一生來分析，會發現有幾種因素容易造成女人的情感無法處於

穩定狀態。

　　首先，幾乎所有人都認為，不論做什麼事，男人都是擁有主導權，而女人則是處於被動地位。但一般男人也僅止於知道這一點而已，並不真正了解女人被動及需要安全感的程度，究竟能夠達到什麼情形。

　　幾乎在任何場合，女人都是以被動的姿態出現的。

　　不論是對社會中的大問題，還是日常生活中的小問題，她們都保持這種態度。即使走在大街上，她們也一直保持著被動的防禦心理，即使外在的環境很和平很安全，她們依然找不到實實在在的安全感。

　　除了外貌以外，誰都希望自己是安全的，也希望自己心裡有踏實的安全感，但女人的這種尋找安全感的心理傾向更強烈，有時甚至會以很不正常的行動表現出來。

　　精神學家就曾分析過，女人的這種心理是與生俱來的。我們知道，男女之間最大的差別就在於，女人會懷孕生子，男人則不會。女人在懷孕或生下孩子後，既為自己的幸福，也為孩子的健康，非常害怕被男人傷害或拋棄，所以她們會更加依賴男人，企望可以從男人那裡得到安全的保障。

　　其次，女人普遍都有害怕被傷害的心理，使得她們常常試圖去尋找保護與安全感。

　　有些女人因為保守的本性使然，內心潛在的受害意識往往會在日常生活中不經意地表現出來。

　　尤其是當她們這種意識逐漸擴大時，自己就會憑空感到周圍存在著各種危險，想像各種「受害」的情形，甚至連周圍的男人

也會因此而遭殃。

在她們想像的各種受害事件中，以「性騷擾」佔絕大多數。女人時時刻刻擔心遭到男人猥褻行爲的傷害，誰教這個社會「癡漢」那麼多呢？在擁擠的公車、捷運上，她們便無法放鬆心情，必須對周圍色瞇瞇的男人提高警覺。

當然，在公車、捷運上，誰都會不經意地碰到別人，但是女人的不安全感卻使她們認爲，男人是故意藉著擁擠的時候，去觸碰她們的身體。有時候，她們甚至會對著男人大叫「變態」，引起眾人側目，相信那時被罵的男人一定會窘得有口難辯。

所以啦，千萬不要在公車、捷運上對著美眉流口水，也不要光會在下車後一路尾隨。你要做的是多讀讀撩妹心理學，想辦法替自己製造機會。

總而言之，女人經常置身於不安之中。她們要防備太多的不確定因素，因此會從內心深處渴望安全。

在生活中，我們經常聽到女人抱怨男人，指出很多令她們不滿的地方。但事實上，她們要表達的並非僅僅是不滿，更重要的是不安全感。

例如，男人經常出外應酬，很晚才回家，她們會生氣，覺得男人不關心自己；但是如果男人不喝酒，早點回家，是否就能夠消解她們的不滿呢？

不能！這就是問題所在。

與其說是女人對男人不滿，不如說是內心感到不安全比較接近事實。遲遲未回家的男人到底在外邊做什麼？眞的有那麼多應酬嗎？是否背著自己幹什麼見不得人的壞事呢？是否已經不愛自己了？

　　這些惱人的問題不時困擾著女人，但卻又不能好好找機會來跟男人談，而且也無法準確地表達自己的心理，只能心慌意亂地自己猜測——這些才是女人感到不安全的真正原因。

　　對男人來說，女人整天疑神疑鬼的猜測，也確實是一大困擾，他們希望女人不要有這種不安全感，可是女人似乎無法做到這點。

　　是不是真的無計可施呢？也不盡然。儘管你無法有效醫治女人的這種心理，但至少你可以讓她的不安全感減少一些。

　　比如在工作之餘，抽空打個電話給她；晚上有應酬可以提前告訴她，讓她感受到你對她的重視；平時多送她一些小禮物，別忽略她；多跟她談心交流，知道她在想什麼。只要做到這些簡單的事，便能減緩女人心中的不安。

　　生活變幻莫測，感情也一樣晴時多偶陣雨。談情說愛的過程中，只要讓女人有了安全感，就等於握住了她的心理方向盤，不管發生什麼變化，都能以處亂不驚的沉穩態度把握航向，把兩人帶往幸福的方向。

女人的愛，需要男人引導

女人的愛需要男人的引導，男人能夠正確地幫助女人釋放她們的愛，才能夠使男人和女人的關係處於良性的循環狀態。

女人一生都離不開愛，愛男人，愛孩子，愛家人，女人不僅僅是接受愛的動物，也是愛人的動物，她們只要付出自己全部的愛，就足以獲得快樂。

愛情把女人天性中的柔情調動出來，有了新的、具體的、活生生的可投放的對象。女人的毅力、柔情、寬容和仁慈，都因為戀情的降臨而得以最充分的表現，放射出獨特的柔美光彩。

相對的，缺乏愛情的女人就會感到自己的心很荒蕪，感到不安，甚至有些看不清自己，找不到自己的位置。

在原始社會裡，女人和男人之間的關係只是繁衍生命。但是，隨著文明的進展，女人和男人之間便多出了許多其他的聯繫，這些聯繫也具有了各種美麗的色彩，愛就是其中最耀眼最奪目的一個光環。

不僅女人，男人也會相信愛能夠化腐朽為神奇，但他們卻都忽略了愛也具有強大的摧毀力和破壞力。

女人愛的時候都陷得很深，以致於因愛生恨。但是，如果問她究竟為什麼恨、恨到何種程度時，她常常又不知道如何作答。

因為恐怕連她自己都說不清究竟為什麼那麼恨一個男人，又恨到何種程度，也許只是因為愛而已。

女人究竟恨男人什麼呢？

恨他不懂得愛，恨他不像詩裡和歌裡唱的那樣愛她，恨他不像小說和戲劇裡的男主角那樣會表達愛，恨他沒有及時地接受她傳達給他的愛……

總之，女人恨一個男人的時候，一定是因為愛。

失去愛情的女人找不到自己的方向，身心不得安寧，被給不出去的愛折磨著，撕扯著，也痛苦著。

愛如同流水，需要流動，不能沉積，否則就會變色、變味。現代都市女人恨的，不就是那變了味的愛嗎？

女人的心不能空著，女人的愛不能積著，女人時刻都需要將自己的愛釋放出去。

但，遺憾的是，偏偏許多男人像呆頭鵝一樣不解風情，還有些寧願窩在家裡當宅男。

如果是純粹的愛和純粹的恨，也許就不會有那麼多的痛苦了，愛和恨交織糾纏在一起，這樣釀造出的痛苦才是最讓人難以承受的。於是，在女人愛的背面，一定寫著恨，在恨的背後，也一定是因為愛。

也正因為這樣，所以我們在生活中看到的女人常常擁有三張臉：一張是充滿愛的，線條柔和，色彩明麗，充滿光澤；一張是充滿恨的，線條堅硬，色彩暗淡，沒有一點光芒；還有一張是愛和恨共同的作品，每一個線條裡都流淌著痛苦和不安，這才是女人最無法承受的。

　　女人是愛的化身，離不開愛，也需要釋放愛，但是，男人希望有愛，但也希望有自由。一個被女人深愛著的男人是幸福的，但同時也是不幸的。

　　不過，無論如何，男人女人還是需要愛，女人的愛需要男人的引導，男人能夠正確地幫助女人釋放她們的愛，幫助她們重新尋找自己，在心靈深處找到自己生命的原始願望，才能夠使男人和女人的關係處於良性的循環狀態。

想撩妹，
就必須替自己製造機會

當你正要和心儀異性擦肩而過的時候，

最好立刻停下腳步，不要真的讓機會擦肩而過。

那種毫無準備的瞬間交集，

往往才是在兩人之間擦出火花的最佳時機。

選擇適合自己的交往對象

 情緒化的女人感情非常易變，就算她美得讓妳直流口水，如果你心臟不好，又沒有相當的寬容大度、就最好別選擇和她交往。

男人在選擇交往對象的時候，內心的感情是非常複雜的。

年輕時男人對於感情總是非常衝動，遇到稍有姿色的女性就趨之若鶩，但是當一個男人成熟之後，在選擇可能是一生伴侶的時候，考慮的問題便複雜得多，也實際得多，而且往往一些在人們眼裡非常優秀的女人，卻是成熟男人敬而遠之的女人。

其實，這種態度不見得正確，每個人都有好的一面，也無可避免有不好的一面，就看你對她有沒有足夠的認識，又從哪些角度進行評估。

• 學問比自己高很多的女人

男人在談戀愛時，找個有一定教育水準的女人是必要的，但要是對方的教育水準比自己高很多，就有些不妙了。

因為女性的教育程度高出自己太多，她的姿態就往往達到了使你無法忍受的地步。不但這樣，假設你有什麼建議提出來討論，她一定會擺起一副學識淵博的學者樣，向你哼一聲，甚至說你的一切建議完全沒有理論基礎。

男人要牢記一點：凡是口裡經常掛著「理論基礎」而自命不

凡的女人，千萬不要急著和她談情說愛，當然也不要太快敬而遠之。應該再進一步了解對方的性情，衡量彼此能不能有良好的互動才做決定。

● 洋娃娃型的女人

這類女人長得很正，但一臉孩子氣，外表已屆成熟，內心卻極幼稚。天真快活，無憂無慮，有人愛她更是得意非凡，卻不是個管家的材料。

假如你和她交往一段時日，仍然打算和她長相廝守，就得準備親自操持家務，家中才可能井井有條。因為這類女人的孩子脾性一直會保持到中年以後。

當然啦，如果你既有錢又有閒，很想找個溫柔的小女人回家疼愛，這類女人倒是挺合適的。

● 情緒化型的女人

這類型的女人十分情緒化，經常一會兒滔滔不絕，一會兒卻又沉默寡言；一會兒神采飛揚，一會兒又黯然神傷；一會兒對什麼都興致高昂，一會兒又會對什麼都興味索然。

這樣的女人感情非常易變，而且來得驟然激烈，叫人無法捉摸。就算她美得讓妳直流口水，如果你心臟不好，又沒有相當的寬容大度、男子氣概和震懾力量，就最好別選擇和她交往。

● 女強人型的女人

華人形容女性的軟弱依附為「小鳥依人」，西方的說法為「永遠攀附著葡萄架」。女強人與這類人品性正好相反，已趨向於明顯的男性化：醉心於事業，而且有指揮他人包括男人的慾望。

雖然女強人會散發獨特的魅力，但如果你沒有令她佩服的素質、智慧和能耐，蜜月過後，你會慢慢發現自己竟成了她的附屬品，這種感覺往往令男人難以忍受。

當然，如果你的個性溫柔敦厚，習慣逆來順受，你也可以選擇女強人，享受當男僕的樂趣。

• 拜金型的女人

這類女人通常愛慕虛榮，不惜出賣色相甚至肉體來換取金錢和物質享受，表面上與男人「正正經經」地談情說愛，但卻設法拼命花男人的錢。

男友在她身上撒下越多鈔票，她就越有征服感，征服慾也就越大。等到男友實在無法繼續散財供養她，她就會毫不留情地離他而去，再找另一個多金的男人。可見這類女人拜金，而金錢卻未必能買到她的愛。

她願意接受你的追求，十之八九是因為你有錢，等她碰到個比你更有錢的人，或當你變得財少氣細時，她說不定就飛向別的枝頭做鳳凰了。

• 太過精明的女人

本來做事精打細算是一種美德，然而，過分精明就變成吹毛求疵了。

這類女人在戀愛期間，也許竭力掩飾自己的個性，一旦結婚之後，那種精明過分的性格，將會表現無遺。當你想和她談情說愛之際，她卻擺起一副主婦架子跟你談柴米油鹽醬醋茶，你想想看，這樣是否大煞風景？

總之，過分精明的女人，腦海裡裝的只有電子計算機。這種

女人的缺點就是太「務實」，永遠不懂得安慰枕邊人。當然，如果你立志一個事業家，打算要一位兼做助手的妻子，這種女人會對你很有幫助。

• 富婆

成熟的男人懂得這樣一句話：「錢愈多，腦子的活動能力就愈加薄弱。」如果男人自己有錢任意揮霍，就算腦袋笨拙得像一頭豬也不成問題。

然而，萬一你愛慕的人或交往對象有錢，你卻是窮光蛋一個，碰上了她的小姐脾氣發作，那就讓人受不了。

根據常理而論，凡是出身富家的千金，多數是高高在上的女人，他們的男人通常也是PTT俱樂部的成員。除非做好了準備要受女人氣，不然的話，還是不要和太過富有的女人交往吧。

• 自戀的女人

如果你不是很有耐心，自戀的女人最好不要選擇為對象。這類型的女人，總是不時攬鏡自照，為打扮自己而心無雜念。為了化妝而花費個把小時是習以為常的事，不但為了容貌大耗時間，也大耗金錢。

這些人大都對自己的姿色有著很強的自負。有的是對整體狀態、容貌雖然沒有信心，但至少對某一部分有信心。就算沒有足以驕傲的容姿，也肯花一大把金錢做人工的補救，設法使自己更美麗。

於是，昨天去燙頭髮，今天到美容院打脈衝光，明天嘛，打算到服飾店試穿這一季的新品。她最喜歡成為眾人注目的對象，如果男士們對她大獻殷勤，或巴結奉承，她就眉開眼笑。

因此，具有自戀傾向的喜歡對男人露出嬌態，或大送秋波，或眨眼示意。

非但如此，這種女人內心還藏著這種想法：「唉，以我擁有的魅力，照理來說可以找到更理想的男人。真是的……他對我善加呵護，也是應該的。」

美女人人愛，說了這麼多女人的壞話，你或許會猶豫，眼前的這個對象到底是不適合自己，要不要展開追求攻勢呢？

其實，這個問題並沒有標準答案，只要你覺得對方是自己喜歡的那類型，和自己又很「速配」，那就放膽去追！

想撩妹，就必須替自己製造機會

當你正要和心儀的異性擦肩而過的時候，最好立刻停下腳步，不要真的讓機會擦肩而過。那種毫無準備的瞬間交集，往往才是在兩人之間擦出火花的最佳時機。

　　有些男人總是希望能夠有效地接近自己心儀的女人，可是往往適得其反。

　　因為，他們根本不知道如何才能接近那個女人，如何才能引起她的注意，同時又不會讓她的反感。

　　其實，事情並沒有男人想像的那麼複雜，只要能夠掌握接近女人的方法，就可以如願以償。

　• 主動接近女人

　　這是認識女人的一種最自然的方法。譬如，你可以不斷拜託朋友的女朋友，邀沒有男友的女孩一塊出遊，然後再從中找自己中意的對象展開追求。有女性朋友作伴，只要是週日賦閒在家的女性都會樂於參加的。

　　另外，平常正要和心儀的異性擦肩而過的時候，最好立刻停下腳步，鼓起勇氣上前搭訕，不要真的讓機會和自己擦肩而過。

　　那種毫無準備的瞬間交集，往往才是在兩人之間擦出火花的最佳時機。你應該有這樣的心理準備，隨時準備著在這種瞬間的機會裡引起對方的注意。

● 我這裡有兩張票……

譬如說你買了兩張電影票，就可以對她說：「我這兒剛好有兩張電影票，不知道妳晚上是否有空？」如果她拒絕你，你可以將這兩張電影票轉賣，減少你的損失，或是先邀請好對方，再來買票也不遲。

或者，你可以告訴她手邊正有兩張旅遊招待券，問她願不願意前往。她若是拒絕你，你就取消預約。

藉著這種方法，你就可以大大方方地和她約會、看展覽，或是一起去看球，增加兩人單獨相處的機會。

● 逢年過節寄卡片

一張精美的賀年卡、生日卡，相信無論是寄的人或是收的人，都不會像是寄普通信件那般不好意思，而且收的人，大部分都會對寄信人留有好印象，認為「他還不錯嘛！還會寄賀年卡給我」。

如果你從旅行的地方寄張旅遊明信卡片給她，她一定會將你的心意埋藏在心底。

不過，要注意一點，在未徹底了解她內心想法之前不要寫內容過多的信，要慢慢地觀察一段時間。

如果你知道她的生日，不妨寄張生日卡給她，表示你對她的傾慕，藉著這張生日卡，也就等於表明了你的心意。

盡量找些藉口，有事沒事就寄卡片給她，如此能加深她對你的印象。

假如她正好感染了流行性感冒，必須休息一個星期，或是開刀住院，或是發生車禍，你必須要掌握時機去探望她的情況。探病時要記得買束鮮花，再附上一張簡單的探病卡，訴說內心的掛

念與擔心。

• 我也常去那家店

如果你知道她經常去哪些商店買東西、買書，那就更方便了。你可以先查查看她的興趣和嗜好，然後就裝出和她興趣相仿的樣子，經常出入她進出的商店，那麼你的機會相形之下就更多了。

單是一次、二次地進出她喜愛的場所是無法奏效的，必須持之以恆經常去，偶爾你也可以買些東西，表示你是這裡的常客，如此，機會一定會來。

• 我跟你有一樣的嗜好

譬如一些交際舞會、電影特映會、釣魚、登山……等活動，你都可以隨著她參加這些團體。具有共同愛好的交往，兩人的感覺都會比較親切。

參加活動的時候，你不妨經常坐在她身邊和她交談。

往返的時候，你都要假裝不期而遇，如此熟了之後，她就會習慣你的存在。

• 怎麼常常遇見你

如果她準備和朋友一塊兒去賞雪，你也可以找個朋友去同樣的地方。她要是去游泳，你也可以假裝和她來個不期而遇。

「我們常見面嗎？」如果她這樣問你，你的機會就來了。

所以，對於她一年到頭的行動，你都要瞭若指掌。雖然實行起來多少會遭遇到一些困難，但是只要你持之以恆，問題就易如反掌了。

● 共度週末吧

和對方認識之後，你必須鼓起勇氣提出一些邀約。

「妳明天有安排節目嗎？」碰到週末的時候，你不妨去探一下她的口風。

「沒有，你有什麼不錯的建議嗎？」要是對方如此反問，那你就等於已經成功一半了。

你可以說：「我想去看籃球，不知道妳有沒有興趣？」或是「某處舉辦攝影展，妳想不想一起去看？」

有些女生的星期日其實是挺無聊寂寞的。即使對方並不特別喜歡你，但也並不討厭你，你還是有希望的。

約喜歡的女孩，必須好好安排

 約會被拒絕，是一件令人煩惱的事情。細心觀察兩人的關係和對方的意願，如果雙方都有好感，就可以主動向她提出約會的邀請了。

　　心裡喜歡一個女孩，可又怕當著別人的面唐突了佳人，想約她出來單獨聊天，可是又不知道該怎麼辦。

　　其實，這是一個技巧性的問題，只要掌握了約女孩的技巧，也就不會有這麼多的煩惱了。

　　約會能否成功，與你提出的時機有著直接的關係。過早與過晚提出約會都是不好的。當感情達到一定程度時，就應大膽地邀請對方，如果時機早已成熟，卻因為遲遲不和對方約會，可能造成誤會，坐失良機。當然，如果時機尚未成熟便莽撞行事，那麼碰釘子也是在所難免。

　　怎樣才算時機成熟呢？這需要細心觀察兩人的關係和對方的意願。經過一段時間的接觸，如果雙方都有好感，就可以主動向她提出約會的邀請了。

　　• 重要約會要預先通知

　　要求約會時，通常要預先通知。至於通知的內容，完全看約會的性質而定。如果你約她參加派對，你的通知就得詳細點，不能像請她看電影或球賽那麼簡單，你得給她相當的時間計劃和準

備衣飾。

重要的約會，最好在兩個星期前就提出邀請。尤其是對那種有較多約會的女孩子，越早通知你就越有機會成功邀請到她。

女孩子歡迎提早通知的約會，因為那可使她從容籌劃她的時間表，不致因你的約會而排除其他的活動。

• 儘量減少臨時約會

如果你和兩三個朋友在一起，忽然決定去溜冰或是看表演，可能會想要約一個女孩子和你們一起去。可是，她也許會認為你們拉她去湊熱鬧的臨時約會是一種污辱而斷然拒絕邀請，這時就會有乘興而去敗興而歸的感覺。

這類近乎衝動的臨時約會，最好不要有。當然，如果你和她的感情已經很好了，自然另當別論。

• 親自邀約

親自邀請的約會，比用電話或書信來得鄭重，也不會像打電話時容易受到干擾。另外，當有很多人聚在一起的時候，不要向你的女友提出約會的要求，因為這是你們兩人之間的事，在別人面前提出來是不恰當的。

不擅長和異性接觸的人，總喜歡用電話提出約會的邀請。有些人和女孩子面對面交談容易緊張地張口結舌，但在電話裡就表現得較為自然。所以，可以事先把要說的話事寫下來，再在電話裡從容地提出邀請。

• 要求她對約會有個答覆

大多數情形，她無論能不能接受你的邀約，都可以當場給你

答覆。如果她沒有把握立即答覆你，也許需要先徵求父母的意見，或者有些其他的問題需要考慮，你不妨和她約定一個答覆的時間。

一般說來，邀請約會總有個預定的計劃。如果計劃不明，你也可以和她臨時討論一下做些什麼。

最好是在你經濟能力許可的範圍內向她提出幾個不同建議，讓她去選擇，否則就不能冒失地要她決定到哪兒去玩。這是一個非常重要而現實的問題，約會時無法付帳的男孩子，常會導致和女友不歡而散。

• 她說「不」的時候要對症下藥

有時候，她即使願意和你出遊，也可能故作姿態地辭謝你的邀請。你可以根據她的態度作出判斷，決定是否要再次表明你誠摯的邀請。她要是很誠懇地推辭，你就得識相點兒，不要再死纏爛打了。

約會被拒絕，自然是一件令人煩惱的事情，但要是曉得對方拒絕你的真正理由，就不會感到難以應付了。

如果她說已經有了其他約會了，你盡可以邀請她下次赴約；但如果她說好一段時間內恐怕都沒有時間，這很可能是告訴你，另外尋求你的約會對象吧。

如果對方拒絕你的約會而不說明理由，你不必勉強要她答覆。你若是有較大的把握她並非不想和你出遊，就該很輕鬆地提出改期約會，或是提議另一種約會。這樣可使她對你有更多的了解，更能表現出你是個懂得體貼的人。

男人必須懂得女人的肢體語言

 與女性交往時，不要光聽對方說了些什麼，還
要看對方的眼神和動作，根據她的身體語言
分析她的真實想法和對你的個人感覺。

　　異性相吸，男人與女人在一起的時候，只要雙方互有好感，
都會在心裡希望與對方有身體上的接觸，因為這種接觸，會讓雙
方都感到相應的滿足。

　　當然，這種表現男人往往強於女人，女人相對來說則更含蓄
一些。對於女人來說，身體上的接觸往往會比真正的性愛更重要，
也更讓她愉快。

　　當男人們聚集在一起的時候，女性肯定是他們最常談論的話
題。男人們總是一邊談論著女人，一邊不斷感歎女人的心像天上
的雲，讓人猜也猜不透。

　　男人大都認為，在兩性生活中男性偏重「身體」接觸，女性
則羞於這麼直接的愛的表現。

　　其實，這是男人的一種誤會，女人的體態變化是傳達內心真
情的第二語言，如果男人不懂得正確解讀女人的肢體語言，那就
很可能失去了解、接近女人的機會。

　　從生理學角度來看，孩子從認知時就喜歡富於感情的表達方
式，喜歡依偎在大人身邊撒嬌，這是動物性的表現。

　　同樣的，當女人害羞，或是不善於用語言來表達自己的感情時，也習慣用身體接觸這種最原始也是最直截了當的方法來傳達自己感情。

　　從心理學的角度來看，女性的觸覺敏銳，行為模式細膩；女人較重感情，思考問題也側重感覺，所以女人習慣於用觸覺的感受來替代語言的表達。

　　和女友約會時，不僅要用耳朵專心聆聽她說些什麼，還要用眼睛注意看她做什麼。只有這樣，才能更準確地洞察到她心裡的真實意圖。

　　不少男性在性方面都非常困惑，他們在對女人性的心理層面總是有許許多多的誤解。譬如有的男子一旦被女友的身體緊貼著，他便心花怒放，誤以為她對自己有肉體上的慾望，這種想法是不正確的。

　　女性觸碰男人的身體，並不完全表示她想要進行肉體上的接觸，例如女子和自己的父親、男子和自己的母親同樣也有親密的身體接觸，更多是來自精神和心理上的親近感，因此當她觸碰男人時，或許只是表示好感或親近罷了。

　　所以，當你的女伴在走路時總是喜歡親密地挽著你的手或是觸碰你的身體，只能說明她和你的心理距離已大大地縮短，當你用手輕拍她的肩膀或護著她的肩膀、腰部，她始終順從時，同樣也說明你在她的內心已經得到認可，她不在乎你侵入她的「勢力範圍」。但是，這些親密接觸依舊不代表性欲。

　　因為女性性欲表現較為廣泛和複雜，需要感情從量變到質變的發展，包括談笑、溫存、愛撫等方面達到一定程度的興奮後，才能晉升到性欲的角度。

女人一旦在心理上接受了與男人的親密關係，就會渴望對方表現出一些親密行為，如牽手、攬肩、撫摸頭髮、依偎、擁抱等等。女人對這些細微的小動作所表現出來的介意和念念不忘，實際上就證明了她對愛人的在意。

她會很謹慎地把握身體接觸的分寸，靠著你的時候，她會覺得信任、可靠、安全和溫暖，她對於這種感覺的需求甚於「性」，也更能帶給她滿足感。

因此，男性朋友在與女性交往時，不要光聽對方說了些什麼，還要看對方的眼神和動作，根據她的身體語言分析她的真實想法和對你的個人感覺。

因為，很多戀愛中的女性口頭表達出來的東西和內心的想法並不一致，這個時候，就必須靠你自己的分析判斷了。

用特別的方式，吐露你的愛慕情愫

 如果你心中對某人懷有愛慕情愫，卻不敢大膽吐露，不妨尋找一種特別的方式，既不用說「我愛你」之類情感濃烈的話，又可以讓對方領會你的良苦用心。

作家奈爾曾經寫道：「真正的幸福，並不是相愛的兩個人，彼此相互凝視，而是兩人不約而同地，一起往相同的方向望去。」

兩個彼此有愛意的男女之間，愛苗是否可以開花結果，關鍵就在於對待愛情的態度是否一致，是否懂得吐露自己的愛慕情愫。

如果說愛情是人間最美的花朵，那麼熱戀中男女之間的綿綿情話就是這朵美麗的愛情之花上一串串晶瑩露珠。

愛情的語言，就像五彩繽紛的愛情生活一樣，充滿了無窮無盡的迷人魅力。

是的，綿綿情話的魅力，是說不盡道不完的。

然而，有時候戀人們卻感到一種深深的痛苦，因為他們找不到合適的語言來表達自己對戀人的感情。

他們覺得，和自己內心那如潮水般湧來的豐富感受相比，話語真是太貧乏、太有限了。

這時候，戀人們便試著尋找另一種語言，嘗試用另一種方式，來傾訴自己源源不絕的激情。

俄國著名的作家列夫·托爾斯泰，三十四歲愛上了年僅十八歲的美麗少女索尼雅小姐，他採用一種十分別出心裁的方式來向她求愛。

他用粉筆在一塊綠色桌布上寫下了一句話，但只寫每一個單詞的第一個字母，然後讓索尼雅猜。

聰明的索尼雅一眼就看出了這句話的意思：「妳那麼年輕美麗，我懷疑我們是否能幸福地結合在一起。」看到這句話，索尼雅的心開始激烈地跳起來。

他們正是用一種無聲的情話來代替有聲的語言，因此超越了語言文字的障礙，達到了深層的心靈溝通。

後來，托爾斯泰將自己的這段美妙的經歷寫進了小說，成了《安娜·卡列尼娜》中列文用粉筆寫字向吉蒂傾吐心曲的著名情節。這就是無聲情話的含蓄之美、蘊籍之美。

這種無聲的情話，是有聲語言的一種有益的補充，是人類突破了有限的語言，向無限深廣的感情世界不倦探索的結果。

戀人們之間那久久的注視、深情的愛撫，又何嘗不是一種無聲的綿綿情話呢？

雖然沒有那令人心顫的三個字，但這份相知的意境又怎是千言萬語所能完整、精確表達的？

在中國古代，男女授受不親，更不用說擁有花前月下，傾訴衷腸的相戀場景了。

他們常常喻情於物、寄情於樂。

司馬相如和卓文君就是最好的例子。

他們相互敬慕卻又無法表達，有一天，相如應邀到文君家做

客，便借琴傳情，彈起了〈鳳求凰〉。

　　文君聽出了曲中眞意，高興喜悅之情溢於言表。當司馬相如向文君求親時，卻遭到她父親的拒絕。

　　文君讀著相如一封封情感激越的來信，深感情眞意切。於是她不顧父親的責罵和他人的譏諷，毅然和相如私奔成親了。

　　這種表達愛情的方法尤其適用於那些內向、羞澀的戀人。

　　如果你心中對某人懷有愛慕情愫，卻不敢大膽吐露，不妨像托爾斯泰、司馬相如那樣，尋找一種特別的方式，既不用說「我愛你」之類情感濃烈的話，又可以讓對方在輕鬆的氛圍中領會你的良苦用心。

先認清性情，再和對方談愛情

如果你被又好看又扎人的玫瑰花迷住了心竅，就得學會恰如其分地把握她的情緒，否則你在她面前只是個愛情的乞丐，伴隨你的將是終身的不幸。

　　法國大作家羅曼羅蘭曾經在《約翰·克利斯朵夫》裡描述世間常見的愛情悲劇：「愛別人的得不到別人的愛，而被愛的人又偏不愛別人。彼此相愛卻早晚又得分離。自己痛苦，別人也痛苦。」

　　不幸的愛情通常都有固定的模式，那就是面對愛情的時候迷失自己，憧憬的只是對方的外貌和愛情的形式，這種肉慾式的愛情，最後必然以分手收場。

　　其實，只要一開始你不要那麼猴急，睜大眼睛認清對方的性情，再和對方談愛情，就可以經營一段美好的戀情。

　　人的性格很複雜，女人的性格往往更讓男人捉摸不透。

　　不過，捉摸不透有時候並不是壞事，怕就怕太過明顯的性格缺陷，讓男人難以招架。對於這樣的女人，男人不是敬而遠之，就是逃之夭夭。

・指揮型

　　這一類女性，一般都是在某一方面有比較出眾的表現，或是某一方面較優越，可能是出身高貴，可能是家境富裕，可能是容顏姣好，可能是才華過人。

因此，她們往往憑藉這些本錢自視甚高，習慣以自我為中心，指揮別人圍著自己轉，不允許別人拂逆她們的意志，更不能容忍身邊有比自己強的同性。

她們就像驕傲的孔雀，總是開屏誘人，恨不得所有的男人都只愛自己。

她們脾氣驕縱，喜怒無常，說話口無遮攔，一點情面都不留。這類女性，一般的男人是很難駕馭得了的，她們也不把一般的男性放在眼裡。

當然，並不能說這類女性有什麼不好，她們由於能力過人，自信心十足，所以通常性格開朗，有朝氣，慷慨大方，待人熱情，樂於助人。

跟她們相處，會使人獲得能量，增添進擊人生的爆發力。

另外，她們獨具現代氣質，有一種野性的魅力，深得追求刺激、少年意氣、性格還沒有成熟的男性鍾情。

如果你被這樣一朵又好看又扎人的玫瑰花迷住了心竅，就得學會恰如其分地把握她的情緒。若不是你甘拜下風遷就她，對她如一輪明月在手，供奉一生，就是設法降服她，花功夫調教這匹頑皮的小馬。

但是，採取這一切行動的前提，是你得有一些令她佩服的長處或特質，否則你在她面前只是個愛情的乞丐，伴隨你的將是終身的不幸。

• 依賴型

這種類型的女性非常容易親近，她們性格柔和，善解人意，自我意識不強，自立能力也較差，在金、木、水、火、土五行中，她們屬水。

這類女性通常自己獨立成不了事業，必須要有另一半的幫助。她們很少有自己闖社會、打天下的野心，最大的願望就是嫁個好男人，將終生託付給他。

按理說，男人應該喜歡這一類型的女性，其實不然。

現代人欣賞浪漫的女人較多，而這類女性比較矜持，不夠刺激，往往能伺候生活，卻不能激發情慾。所以她們適合忘我工作、追求事業的男性。

如果你是這類男性，不擅兒女情長，沒興趣也沒精力研究女人，最需要的是一個溫馨的家，寧靜的避風港，那麼這類型的女性就很適合你。

• 交際型

現代女性愛交際，社會地位高、容貌好、學歷高的女性尤其愛交際。

交際滿足她們的虛榮心，也滿足她們的成就感。

這類女性新潮、時尚，她們如果是素質高的人，將會很有作為，因為時代給她們提供了大展才華的機會。

充滿誘惑力的自我成功，使這類女性家庭觀念淡薄，不甘心囿於家庭的小圈子裡，甚至拒絕生兒育女。

你如果愛上這樣有才氣的女人，就得摒棄傳統家庭觀念，不要奢望她整天圍著你轉，為你做這做那。

做飯、洗碗、買菜……一切的家務活動最合理的方式是分擔。她在生活上不可能全心全意地照顧丈夫，因為她沒有那麼大的耐心，也沒有那個閒工夫。

但是，男人結交這樣的情侶，情感生活會很豐富，但她不適合傳統觀念重的男人，她實在不是過日子的能手。

• 實際型

這類女性出生於中下階層，從小就接受分擔家務的訓練，生活能力強能把家務料理做得井井有條。

大部分男人在年輕時談戀愛一般不太喜歡這類女性，認為這種女人重物質輕精神，顯得很庸俗。

但是當生活落到了柴、米、油、鹽的日子上，就顯出這類女性的能幹了，家裡沒有會過日子的她還真不行。

然而，這樣的女人過於實際，往往又會令男人無所適從，不知道如何安置自己，有時也會被女人的安排弄得哭笑不得。

女人太任性，男人要設法搞定

女人的任性與男人的姑息遷就有關，這麼做
非但沒能使女人的任性得到自我控制，反而
會使她的性格更加蠻橫。

每個人都有個性，任性就是不加約束地放任自己的性子。任
性的女人，不管對方的承受能力如何，只要不合她的心意就發脾
氣，甚至蠻橫不講道理。

她們往往缺乏理智，說話或辦事經常不計後果，因此很難得
到周圍同事、朋友的溫暖和幫助。

任性是感情生活中的不安定因素，如果不及時設法加以消除，
放任其繼續發展，就會使另一方的感情受到傷害。長久下去，感
情的裂痕就會在此出現。

• 任性的成因

根據心理學家的分析，任性的產生和形成，後天環境起著決
定性的作用。

一般來說，從小嬌生慣養的人，條件優越、自恃高人一等的
人，只受別人溫暖照顧而不關心別人的人，一貫接受、很少給予
的人，這幾種類型的人最容易形成任性的性格。

要改正這種任性的毛病，需要經歷一段過程，絕非一朝一夕
就能解決的。因此，男人對女人的幫助要有耐心，切不可急躁。

• 任性是自私的表現

人與人之間，應當彼此尊重，男女之間也是如此。有的女人認為，男人是自家人，遇到不順心的事，向他發發脾氣，耍點「小性子」沒什麼大不了。

這是一種對自己對他人都不負責任的誤解。

對於女人的任性，起初男人可能憑著對女人的愛而給予容忍。然而久而久之，男人對女人不加收斂、越發嚴重的任性失去了耐心，變得越來越反感，因為女人的任性失去了女性特有的溫柔、恬靜。和這樣的女人在一起，常常使自己處於尷尬和被動的地位，整天看著她的臉色行事，原本用作休憩的時間幾乎都花在解決任性所引起的矛盾衝突上。

試想，誰願意和這種傲慢無理、任性刁蠻的女人長久生活在一起呢？

因此，如果愛上的是個任性的女人，那麼當務之急就是協助她徹底改掉任性的壞毛病，才能挽回即將失去的愛情。

• 任性是自身的修養問題

一個任性的女人與周圍的人很少能相處和諧，因為她缺乏自我犧牲的精神。因此，男人一旦和這樣的女人在一起，除了要有耐心幫助她加強自身的修養外，還得教她懂得關心他人，尊重他人，寬容他人，學會控制自己的情緒，把任性、發火消滅在剛萌芽的階段。

可是，一旦這個女人不願意聽從你的安排與教導，那麼你的一切努力都是枉然。

因為任性的女人，是很難接受他人的安排的。

• 任性的女人不可姑息

許多事實表明，女人的任性與男人的姑息遷就有關。

很多男人面對女人每次毫無理由的任性、發脾氣都採取忍讓、自責的態度來面對，以期平息「愛情戰事」。但是，這麼做非但沒能使女人的任性得到自我控制，反而會使她的性格更加蠻橫。

因此，如果女人太任性，男人應及時嚴肅地加以制止，這既對她有利，也對你有益。

任性，是愛情中的一個毒瘤，要徹底剷除這個毒瘤，必須靠男人和女人共同努力。

女人喜歡成熟的男人

成熟男人是女人的臂膀，給女人有力的擁抱；成熟男人是女人的胸膛，疲倦時可以依靠；成熟男人是女人的雙腿，帶女人走遍天涯海角。

儘管男人不能容忍女人說自己「不夠帥」、「不幽默」、「不聰明」，甚至於「不性感」，但更惱火女人一臉鄙夷地說：「哎，你太不成熟了。」

每個男人在內心裡都自認為很成熟，但是表現出來的言行舉止卻完全那麼回事，甚至還有些幼稚。

例如，面對女人口口宣稱喜歡「成熟的男人」，尤其很多漂亮美眉身體力行追逐已過「而立」乃至「不惑」之年的中年男人，年輕的男人多少有些忿忿：「妳們不過是喜歡能夠接送妳們的車子和為妳們買單的飯票罷了。」

這種看法，實在太不成熟了。

「成熟的男人」是女人從小就模擬出來的巨大的幻影，是女人戀父情結的極致發展，內容之豐富超出了男人所有想像。

成熟的男人是女人的肩膀，天塌下來為女人扛著；成熟男人是女人的臂膀，給女人有力的擁抱。

成熟男人是女人的胸膛，疲倦時可以依靠；成熟男人是女人的雙腿，帶女人走遍天涯海角。

男人要想達到全部的目標，有生之年恐怕希望不大。

不過，幸好女人也不總是按照心目中成熟的形象來要求每一個男人，於是成熟的標準也就有了七折、八折優惠，多少給了男人一點希望。

在女人心目中，成熟男人有著以下十種標準。

一、成熟的男人應該有經濟基礎。既然人們用金色來形容收穫，女人也就理所當然的用金錢來衡量男人的成熟度。

二、成熟的男人應該有事業基礎。也許發財並不是每一個男人都能做到的，但如果連你都覺得自己一事無成，那在女人心目中又怎能樹立起成熟風範呢？

三、成熟的男人永遠知道自己想要的是什麼，而不是什麼都想要，懂得堅持也懂得放棄。

四、成熟的男人勇於承擔責任，雖然有些過錯並不都是由他造成的。

五、成熟的男人是寬容而圓融的，過於計較是男人最不能原諒的錯誤。

六、成熟的男人擁有大智慧而不是小聰明。

七、成熟的男人的一言一行，能讓女人學到很多東西，至於不成熟小男生，只有讓女人教的份。

八、成熟的男人懂得珍惜和照顧女人，一起出遊時，他一定不會自顧自地走在最前面。

九、成熟的男人不會在大街上和女人吵架。

十、成熟的男人不會強迫女人穿他喜歡而她不喜歡的衣服。

心態決定愛情的好壞，如果你想追到愛慕已久的女孩子，那

麼就要記住以上十種標準，設法讓自己成熟一點。

　　幼稚的男人是無法長久維持愛情或婚姻的。這是因為，愛不單單是一個人的事，愛是兩個人的感情良性互動。

　　成熟的男人穩重，給人安全感，這是他們的優點。可是若想要有魅力就不能太死氣沉沉，老氣橫秋，最好偶爾也有些令人驚喜的瘋狂想法。

　　想追求心目中理想的對象，除了要認真理解男女在愛情的認知上有哪些差異之外，更要用感性面對感情，用理性面對異性，用敏銳的智慧面對每個可能幸福的機會，如此才能讓彼此愛得自在，又不受傷害。

成爲受女人歡迎的男人

要哄一個你不熟悉的女性高興，

贏得她的好感，

最簡單的方法就是稱讚她的外貌和氣質，

這一招屢試不爽，適用於所有女性。

成為受女人歡迎的男人

要哄一個你不熟悉的女性高興，贏得她的好感，最簡單的方法就是稱讚她的外貌和氣質，這一招屢試不爽，適用於所有女性。

渴望獲得女性青睞是男人的本性，但是當心儀的異性出現面前時，你有足夠的信心讓自己適時出線嗎？

如果你還沒把握，那麼，就要努力讓自己變成一個受女人歡迎的人，積極培養自己的女人緣。

在生活中，我們常常看到一些男孩特別有女人緣，身邊總是有一大群女孩子圍繞著，你也許在心裡感到很不服氣。

論長相，他沒有你帥；論才學，他沒有你高；論事業，他差你一大截；論經濟實力，你比他優越。可是，偏偏你身邊沒有一個女伴，而他卻應接不暇。這到底是為什麼呢？

道理很簡單，是因為你不會營造自己的女人緣，而他卻瞭若指掌。如果你也想讓女孩喜歡，那麼就得學會討女孩歡心的幾個簡單技巧。

• 要懂得怎麼說話

要哄一個你不熟悉的女性高興，贏得她的好感，最簡單的方法就是稱讚她的外貌和氣質，這一招屢試不爽，適用於所有女性。

但面對知性的女人，與其說她漂亮，還不如稱讚她「聰明」、「智慧」、「有頭腦」。她們通常對於自己的高智商十分自負。

在與女性談話時，除了聲調之外，你的聲音有三個要特別注意的因素：速度、音高和抑揚頓挫。

速度指的是說話的快慢，音高是說話聲音的高低、音量的大小，抑揚頓挫則牽涉到節奏和變調。注意到這些，會使你的聲音變得更加悅耳動聽。

談話時要注意對方的聲音速度和音高，以此判斷對方是否心情變壞。假如一個人說話速度加快，說明情緒激動，可能要生事端；如果聲音低沉下去，表示他正在思考。

正確合宜的聲調、速度、音高和抑揚頓挫能幫助你在角色和聲音之間取得平衡，那麼你和女性之間的溝通便能順利成功。

• 適當地破費一下

經營愛情是必須花錢的，因為揭開愛情的浪漫面紗，實貌不外吃飯、逛街、看電影、喝咖啡、買衣飾……在在需要花錢。

為女性花錢，不可以花得闊綽豪邁，花得像個暴發戶，而要花得優雅不俗，花得情趣盎然，最好如羚羊掛角無跡可尋，只見情致不見銅臭。

知性女性雖然讓人費心，但和她帶給你的豐富感覺與變化的快樂相比，還是值得的。

想進一步發展，就要隨機應變

對於有意交往或熱戀中的男女，適度地打情
罵俏或不時說些甜言蜜語，的確有助於情感
的昇華，花言巧語可說是點燃情欲的火苗。

追女生，厚臉皮固然重要，但是表達的技巧更為重要，如果
碰到自己喜歡的女孩，卻不知道該如何採取行動，或是弄巧成拙
造成反效果，必然讓你懊悔不已。

或許愛神丘比特的箭，追不上現代人忙碌的步調；月下老人
的紅線，也繫不住日益開放的兩性關係。那麼，你為什麼不試著
「男兒當自強」，主動將愛神的箭射向她呢？

追女人，是給她一個認識你的機會。

就算她不識貨，拒絕了你，你也沒什麼損失，當作一次練習
也不錯。要是她動了心，願意跟你做朋友，這下……嘿！嘿！你
可走運了。

不過，雙方開始交往之後，想進一步發展，就得隨機應變。

• 適度地讓對方「傷心」

在兩性交往的過程中，太輕易地做出承諾往往是愛情最大的
殺傷力，因此適度地讓對方「傷心」，可以讓彼此的關係更具有
彈性。但切記並非讓情人陷入絕望，其中的尺度拿捏要視對方能
夠承受多少壓力而定。

　　例如，當戀愛的其中一方問起「你會愛我很久嗎？」這類的問題時，你若明知未來有許多未知變數，卻反而對她發誓此情永不渝，只怕日後感情生變，會徒然落得薄倖之名。

　　然而，如果你的回答是「我會儘量，但沒有辦法保證！」也許對方在乍聽之時，心裡會有些傷心，但是這種坦白的態度，將會助長情感轉往更理性的路途發展，避免不必要的爭吵。

● 打情罵俏讓人心醉

　　談起愛情，每個人都以為自己是最認真的，然而在兩人親密相處的過程裡，太過認真、嚴肅反而會造成雙方不必要的壓力。帶點幽默感的戀愛，則會讓人回味無窮。

　　對於有意交往或熱戀中的男女，適度地打情罵俏或不時說些甜言蜜語，的確有助於情感的昇華。

　　「沉默是金」雖是流傳已久的諺語，但在愛情裡並不適用，花言巧語可說是點燃情欲的火苗。

● 小小憤怒助長愛苗

　　每個人都聽過「會吵的孩子有糖吃」這句話。

　　在過去，我們的教育總是告訴我們「不可以隨意地發脾氣」、「發脾氣是沒有教養的表現」等，然而在男女交往的互動關係上，只要有一方暗自生悶氣或過度包容，只會使心中怨氣日漸鬱積，終有一天會爆發。

　　其實，只要時間、地點、方式恰當，適時地發頓脾氣可以發揮很大的效用，小小的憤怒，有助於管理及調整兩性的關係。

　　比起酸溜溜的冷嘲熱諷，突如其來卻適可而止的一頓脾氣，對於愛情的主導權，反能收到立即見效的結果。

- 賣弄風騷展現才華

「書到用時方恨少」也可以適用於愛情的範疇。

如果你沒有豐富的知識，外表又不出色，最起碼也要熟讀每週時事與笑話大全，並在最恰當的時候展現出來，讓別人也領教你的特殊才華，否則在這個自由開放的愛情市場，沒有本錢，還談什麼與人競爭。

- 保持距離欲擒故縱

說來奇怪，情人在交往之初如果保持一點距離，反而有助於增添幾分神秘感，醞釀對彼此的愛慕及迷戀之情，交往中的戀人更要貫徹此道理。

如果你希望談一場細水長流的戀情，最好避免朝夕相處，多給對方一些空間與尊重，反而能贏得最後的勝利。

- 行銷愛情建立品牌忠實度

試想，到底是什麼原因促使消費者對於某個品牌的產品特別死忠呢？好的產品要能時時推陳出新，不斷給人新鮮的驚喜，更重要的是內外兼具。

「金玉其外，敗絮其中」的產品也許能騙到一兩個冤大頭，卻怎麼也留不住老顧客長期支持。

愛情就像品牌產品一樣，也需要不斷地給予對方新鮮感、驚奇感，因為戀人間的關係如果沒有進展，就是退步。

若要建立情人對你的愛情忠誠度，最好是時常給對方驚奇的感覺，就好比突如其來的一份禮物，便能叫愛人備感溫馨。

• 借力使力的分手法則

相愛容易相守難，若想要主動提出分手，那更是難。

當愛情面臨雙方皆無法容忍彼此的情形時，最痛苦的莫過於做出「分手」的決定，因爲人人都背負了「寧願人負我，也不願我負人」的神聖道德感！不過，痛苦拖得越久，危險性也就愈高，長痛還不如短痛。

爲了不傷害對方又能順利分手，切記別把責任往對方身上推，最好的說法，莫過於「是我不適合妳」。

記住，要特別強調是「我」不適合妳！如果對方仍舊願意與你打持久戰，那麼站在不傷害彼此的立場下，也只有不告而別，走爲上策了！

男人的前女友，女人不會不追究

別忘了，女人是善於說反話的。沒有一個女人會真的不在乎伴侶以前的羅曼史，除非她還不夠愛他。

　　如果有一天，你正在追求的女友問你以前曾交往過幾個女朋友，為了表示對她的誠實和坦白，你非常清楚地將一切和盤托出，那麼你以後別想安穩平和地過日子了。

　　通常在戀愛時，女人都希望自己的男人只注意自己一個人，他所有的感情、所有的愛都應該傾注在自己身上。

　　她們最不喜歡的，就是男友拿自己和其他女人做比較，莎士比亞的戲劇中有一句名言「戀愛會使人心胸變狹窄」，這句話用在女人對待愛情的態度上，可說最恰當不過了。

　　而且女人大多都比較愛吃醋，希望對方從未碰過其他異性，以對方的絕對清白、忠貞為最大的心理滿足。

　　所以，如果女人聽到男人向她坦白過去的戀愛經歷時，往往很難真的保持冷靜，通常會表現出強烈的嫉妒心。

　　如果直接地表現出來倒還好對付，就怕她們不表現出來。不僅不表現出不滿，反而還說假話對你的行為大表瞭解和寬容，表示不追究你過去的戀情，只在乎你們的未來。

　　如果你因此就放下心，認為女友寬宏大量，那麼結果很可能

會恰好相反。

　　有一位年輕的女主持人，主持一個以「戀愛」爲題材的電視節目時，在節目中說：「如果我所喜歡的男人告訴我他過去有過性經驗，我肯定不會原諒他！我希望我是他一生中唯一的女人。」

　　她的話剛說完，現場的幾位男士譏笑不已，這些男士認爲她的觀念太陳舊保守了，都什麼年代了，還這麼保守。

　　也許從男人的觀點來看，這名主持人的觀念是有些保守，但應該得到女人的支持。

　　可是使人感到意外的是，現場的幾位女性也都不同意這位主持人的觀點，她們幾乎一致表示「並不計較對方的過去，對他過去的戀情可以原諒」。

　　從這些女性的表達的意見來看，現代女性對戀愛或兩性關係的看法已相當開朗開放。但是，這些話眞的是她們的眞心話嗎？或者只是故作大方呢？

　　這點有必要讓男士們仔細地斟酌。

　　也許，實際上她們的眞正想法，與那個節目女主持人說的完全一樣，根本不能原諒男人的過去，只是不敢表達而已，害怕別人認爲她們保守，於是只好表現出與內心想法相反的態度。

　　別忘了，女人是善於說反話的。

　　沒有一個女人會眞的不在乎伴侶以前的羅曼史，除非她還不夠愛這個男人。否則她對他的戀愛史表示寬容的態度很可能就是假的，只是希望能夠在男人的身上得到其他的補償。

　　如果不是這樣，那麼就是她對這個男人的愛已經開始逐漸減退，甚至正與別的男人熱戀。

　　換句話說，女人如果能以寬容的態度來對待男人的過去，一定是有足夠的理由的。

　　因此，聽到女人大方地說「談談你和以前交往的對象和約會的浪漫情事吧，我肯定不會追究」時，聰明的男人是絕對不會全盤托出的，因為這無疑是自掘墳墓的第一步。

　　有經驗的男人便知道，此時正是自己說謊的本能必須發揮的時候。

經常注意女人發出的信號

想要把妹，不僅要經常注意女人發出的信號，而且還得設法讓她知道你已經收到了她的信號，以實質的行動給予肯定。

　　無論是男人還是女人，也無論處於何種場合，人對於別人對自己的觀感和想法總是相當在乎。縱使只是一個簡單的招呼，如果沒有應對得當，也會招惹別人的反感。

　　舉例來說，你在走廊上碰上了一個同事，但卻故意裝作沒看見似的走過去，雖然這只是一樁小事，但往往會成為公司女職員們中午休息時的談論話題，影響你的形象。

　　再比如，你在出門的時候，遇到了鄰居，即使平時很少往來，但若你沒有點頭打招呼，也會引起鄰居的不滿，尤其是女鄰居。說不定哪天你就會聽見幾個女鄰居在議論你「那傢伙有什麼了不起的，這麼高傲」。

　　如果發生類似的情形，一定讓你感到吃驚，心想女人怎麼這麼多事。

　　女人就是這麼多事，想把妹，就得明瞭女人的這種心理。女人之所以這樣，是因為她們自己平時非常在乎別人的反應，害怕自己的形象和行為會成為別人議論的話題，因此她們也會對別人的行為舉止非常在意。

　　一般情況下，女人都有一種希望被不熟悉的男人注意的微妙心理，常常希望自己與眾不同，引起男人的注意。

　　如果男人對女人的這種心理毫無反應，女人的慾求就得不到滿足，就會因此對此人產生憎惡或懷疑。

　　此外，女人希望男人只注意自己的優點，不要發現缺點。她們只希望得到男人對她們優點的讚美，而不是對她們的缺點品頭論足。如果男人太注意她們的缺陷，比如發現她的臉上出現了皺紋，或者覺得她的小腿太粗，那麼女人寧願男人是忽略她的。她們很害怕男人這樣看待自己。

　　當女人覺得自己很美的時候，通常也希望男人能夠對她的美給予關注。如果一個男人對女人發出的信號沒有做出及時回應，一般女人是絕對不會對此人產生好感的。

　　所以，提醒想要把妹的男性朋友，不僅要經常注意女人發出的信號，而且還得設法讓她知道你已經收到了她的信號，並且別忘了對她的信號以實質的行動給予肯定，此時一些適度的讚美是必要的。

　　然而，對女人信號做出反應也有些拿捏上的技巧需要注意，如果一個女人對你只是點點頭，最好不要猴急地過去拍拍她的肩，想表示對她的熱情，你也只要點點頭，微笑一下就夠了。

　　如果她們對你說聲「嗨！」你最好也同樣回一聲「嗨！」或「妳好！」千萬不要過於表示親熱，否則會使女人頓生警戒之心。

　　可能你不太喜歡女人的這種行為，覺得她們是活在別人的標準裡，沒有了自我，她們只在別人的評價裡找尋自我價值，但事實上的確是這樣，很多女人就是陷入這種詭譎的圈子裡，別人的

一句詆毀，足以泯滅她們所有的信心，因為她們太在意別人對自己的看法了。

　　男人對女人的這種心理很難瞭解，會覺得太在乎別人的看法只會亂了自己的方寸，活得太沉重。

　　男人大多不會為別人的眼光而違背自己的心意，他們會尊重自己的生活和行為方式，認為只要自己覺得是對的，就不應該理會別人怎麼說，這樣才是快樂人生。

　　但女人做不到這點，因此女人才會缺乏自信。尤其是一些自我表現慾很強烈的女人，一旦希望引起對方注意而又沒有得到預期的反應，或者不希望被人注意的地方被別人發覺或評價，不滿的態度會馬上就表現出來。

　　所以，就算你不欣賞女人的這種心理，也不必採取故意忽視的態度，更不要故意傷害她的自尊心，否則你很難把到正妹。

女人撒嬌有術，男人要細心領悟

女人的撒嬌，可以增加感情的「蜜」度，哪怕男人暴跳如雷，女人的撒嬌也同樣可以發揮「四兩撥千斤」的作用。

　　面對女人的「撒嬌」，幾乎所有的男人都會變得「溫柔而屈從」，可見「撒嬌」在女人征服男人的過程中，具有相當大的威力！那麼女人都是如何對男人施展撒嬌之「術」的呢？

　　女人最慣用的一招撒嬌術就是輕輕一嗔。

　　會撒嬌的女人在大街上看見別人手中拿著巧克力，會噘著嘴說：「我也要吃！」如果男人稍加拒絕，女人便會向男人輕舒玉指，櫻桃小嘴裡飄出輕輕一嗔：「不嘛，我現在就要吃，我就想吃嘛。」

　　如果約會遲到，她會說：「每次要見你，都不知道要穿什麼衣服才好，猶豫不決，所以耽誤了時間嘛！」

　　如果她想你，就會嬌滴滴地說：「人家想和你待在一起嘛！」

　　女人總是對自己喜歡的男人說半截話，其實她也很想把話完整說出來，可是女人的矜持使她總是話到嘴邊留半句，總認為你應該能夠猜出她的想法。

　　比如，她希望你陪她外出，嘴裡不會直接說出來，反而會說：「天天待在屋裡真是悶死了！」

她想買衣服之類的東西，會對你說：「你最近發薪水、獎金了嗎？」

她想出去吃飯，就會對你說：「天天在家吃飯都吃膩了。」

她希望你稱讚她的時候，會對你說：「你看我今天這樣打扮漂不漂亮？」

有時候男人對女人的撒嬌總是不知如何應付，也不知道該信還是不該信，因為她們似乎總是心口不一。其實，當一個女人對你撒嬌地說：「我討厭死你了！」這時候，你應該反著理解，其實她已經非常愛你了，如果沒有愛便無所謂「討厭」，就更談不上「死」了。

雖然她這樣說，但並不表示真的討厭，有時候甚至還表示完全相反的意思。比如，如果你情不自禁地吻了她，女人說「你真討厭」，那麼這就說明她從內心裡其實是喜歡你這樣的，甚至希望你「再來一次」；而當你對女人說「妳好漂亮」，她往往會漲紅著臉說「討厭」，其實她心裡正非常雀躍呢！

女人喜歡向男人提問，問題也是千奇百怪，可是中心主旨不外乎想知道你究竟有多愛她。下班了沒接到你的電話，女人明明知道你正在加班，也會打電話問：「你在哪裡呀？」「我有點兒想你！」女人甚至有時還「無事生非」似的賭氣：「你在想其他女人吧？」其實這是等待你的溫存與愛撫呢！

女人的撒嬌，可以增加感情的「蜜」度，哪怕男人暴跳如雷，女人的撒嬌也同樣可以發揮「四兩撥千斤」的作用，讓男人「心太軟」，幾乎沒有一個男人可以抗拒得了。

從喝酒的方式摸清女人的性情

喝酒的女人有些特別，而且喝酒最能透露女
人的性情。所以也有人認為，從喝酒的方式
看女人往往比平時更準確，更清楚。

男人端起酒杯，你會想到「杯中物」、「三碗不過崗」，聯
想到的是一種烈性的液體與容器間的較量。但是，如果女人端起
酒杯，你腦海中浮現的應該是碧波蕩漾、曲徑荷風。

賈寶玉曾說過：「女人是水做的，男人是泥做的。」所以女
人之於酒，是液態與液態的共融與溝通；而男人之於酒，就難免
不是水土相搏的你死我活了。

相較於男人，較多數女人是不喝酒的。自古以來，酒似乎總
是跟男人們牽扯在一塊：李白酒後賦詩，武松酒後打虎。

和酒沾上邊的女人，是寂寞的潘金蓮，君臨天下的武則天。
這麼看來，歷史上能喝上酒的女人可不是一般意義上的女人。

女人一般不喝酒，能端酒杯的也必然不是一般女人，不是擔
任重要的職務，就是官場或商場上遊刃有餘的公關。

能喝酒的女人大都比較豪爽，喜歡與人交往，也容易與人相
處。這樣的女人，女人們喜歡與之談心，男人們喜歡與之往來。
但是，也許是男人的私心與花心，與能喝酒的女人交往，男人大
多抱持遊戲人間的心態，不太情願把她作為自己的終身伴侶。

因此，聰明而有酒量的女人，在婚前大都不會塑造善飲好飲的形象，直到婚後才會逐漸露出這種性格。不過，偶爾能對飲幾杯的夫妻，往往是天底下最完善的配對，因為飲酒有時能為煩悶的生活營造一點情趣。

喝酒的女人有些特別，而且喝酒最能透露女人的性情。所以也有人認為，從喝酒的方式看女人往往比平時更準確，更清楚。

如果這個女人是只要有人敬酒她就喝，來者不拒，那麼她應該是個很豪放的女人。

這種女人個性潑辣，為人處世也很豪爽，是位難得的紅顏知己，但卻很難成為一個理想的妻子。

相對的，任別人頻頻相勸就是滴酒不沾的女人，應該是個標準的淑女。雖然這種女人不怎麼解風情，但卻用情專一，愛起來也會死心塌地。

有時候，你發現一個女人還沒怎麼喝就醉了，你覺得這種女人可能有些做作。

其實，這才是真正聰明的女人呢！她們有著極佳的自我控制能力，而且做事非常講究手段，目的性很強。

還有一種女人喝酒時老是想著如何灌醉別人，自己卻涓滴不沾。這樣的女人如果相貌平平，應該算是男人的幸運；但如果長得貌如天仙，那麼對於男人來說，絕對是一件致命的武器，根本無法抵擋，只能伸著脖子任憑她宰割！

不該醉時卻醉了的女人大多容易動情，是那種愛起來天翻地覆，恨起來咬牙切齒的女人；而你認為她該醉時卻用意志力堅持著不醉的女人，是冷靜的女人，她們性格堅強，孤芳自賞，並且觀察能力敏銳，能夠洞透男人的心靈。

　　儘管很多女人能喝酒，但不是每一種酒女人都愛喝，一般來說，紅酒算是女人的鍾愛了。也許因為它的味道，也許因為它的顏色，也許更因為它對女人的身體有著很大的益處。

　　女人雖然能喝酒，但眞正想喝的女人卻很少，而且女人在喝酒時，往往喜歡和自己喜歡的朋友一起喝，只有在這個時候，女人才會把喝酒當一回事。

　　女人通常不願意在自己喜歡的男人面前喝酒，因為女人知道，正像女人不願意跟一個渾身沾滿酒氣的男人在一起一樣，男人也不喜歡女人喝得醉醺醺，酒氣沖天的，丟了女人該有的端莊模樣。

愛情需用長期用心經營

愛情需用長期用心經營，了解了女人的心理特點，你就可以及時找到癥結，讓感情升溫，讓彼此的關係更加融洽和諧。

女人大多敏感多情，感情比較細膩，即使性格很活潑的女人，有時候也會一個人在一旁沉默不語，尤其是戀愛中的女人，情感波動會更加明顯。

其實，女人這種沉默和憂慮有很多原因。

對於戀愛中的女人來說，往往對感情抱有不確定性，喜歡猜測和胡思亂想，雖然一次次地告訴自己要勇敢，要相信，可是心裡還是有些憂慮。

只要對方有事拖延，或忘記了答應為她做的事時，女人的敏感就會發生巨大的作用。可能在等待的過程中，已經在心中經歷了滄海桑田的漫長過程，也會因男人的粗心而痛哭流涕。

遇到這種情況，只要男人道歉或幾句甜言蜜語，就可以博得女人一笑，一切煙消雲散。女人的憂慮和猜測是因為在乎對方，男人只要了解女人的這種內心情感，說一些話哄哄她，就能取悅女人的心了。

那麼，男人可能要問，戀愛中的女人經常會感到憂慮和不安，結婚之後應該不會這樣了吧？

　　錯了，婚後的女人同樣也會感到憂慮，這幾乎已經成了她們的天性了。這是為什麼呢？

　　婚後，女人的生活重心由自己轉向了家庭、丈夫和孩子，她們甚至為了丈夫的事業、孩子的成長甘願犧牲自己，辭掉工作，在家做「全職太太」，相夫教子。

　　她們的奉獻也許獲得了豐厚的回報，丈夫事業有成，子女茁壯成長，家境日益富裕。可是，當她們看到丈夫意氣風發，出入時一副春風得意的樣子，而自己卻已是花容憔悴，一副黃臉婆的模樣，心裡不免慌張和憂慮起來。

　　她們擔心自己的男人「肩膀靠不住」，時時充滿危機感，久而久之，就變成了驚弓之鳥。她們一方面巴望丈夫能出人頭地，飛黃騰達，另一方面卻又擔心丈夫忘恩負義，另有新歡。

　　她們生活在一種莫名的恐懼和憂慮中，並且備受這種自相矛盾不安全的心理折磨。

　　另一方面，來自孩子的壓力也讓已婚女性憂慮不已。十月懷胎時的種種不良反應，哺乳時期的徹夜不眠，入學時的牽腸掛肚，應考時的憂心忡忡……她們擔心孩子的健康、學習、成長、婚姻等等，只要自己沒有閉上眼，為人母親就會為兒女操勞。

　　這些煩惱讓她們有種「剪不斷，理還亂」的感覺，孩子的成長永遠牽扯著母親那顆敏感的心。

　　同時，女人還有比較的心理，她們做出的這些奉獻，就是希望自己的男人比別人爭氣。

　　於是，女人們的聚會，往往也會變成評比大會，比男人、比孩子、比房子、比票子、比車子……比誰的男人有本事，誰的首飾最值錢，誰家的孩子最有出息……這些又讓她們感到了憂慮和

不安。

要是丈夫下班就回家，妻子嫌他沒出息；但當自己的丈夫真的有本事，彼此見面的時間少了，卻又怕丈夫「誤入歧途」，中了「狐狸精的圈套」而感到不放心。女人就在這樣患得患失的煎熬和憂慮中過日子。

女人的這些心理就是造成她們經常多愁善感或憂慮的因素，對於男人來說，這可能讓他們很頭疼。實際上，要「對付」女人的這些心理也並非難事，現在你已經知道癥結所在了，所要做的只是對「症」下「藥」。

不論是戀愛中的女人，還是已婚女人，經常憂慮或多愁善感，只是因為太在乎你。

一個不在乎你的女人怎麼可能會為你整天心神不寧呢？如果她真的對你不聞不問，那才真的危險呢！所以，你應該慶幸她會為你憂慮，為你不安。

如果你的女朋友最近總是悶悶不樂，那麼不是真的有什麼煩心的事情解決不了，就是你對她的關心不夠，冷落了她。這時候，你應該多對她表示一下你的關心，幫助她解決問題，或者多抽時間陪陪她，送她點小禮物，讓她高興一下。這樣她才能感受到你的愛和關懷，才會覺得安全，自然而然的，你們之間的感情也可以持續升溫。

如果你們已經是交往多年的情侶了，對方表現得煩躁不安，你也要留心，是不是最近遇到了什麼麻煩事？還是因為對你的一些行為產生了不滿？

此時，記得及時給予她關心，多花點時間與她進行交流和溝

通，協助她走出憂鬱的情結。

同時，不要認為「老夫老妻」之間就沒有任何浪漫可言，如果你能夠在下班回家的時候，帶一束玫瑰花給她，你會發現，這幾天籠罩在她臉上的烏雲一下就會散去。這等好事，為什麼不偶爾為之呢？

愛情需用長期用心經營，了解了女人的這些心理特點，你就可以及時找到癥結，讓感情升溫，讓彼此的關係更加融洽和諧。

PART 8.

先觀察情勢，再發動攻勢

想發動攻勢，就得小心觀察情勢。

遇到多愁善感的女人，只要以誠相待，

她也同樣可以滔滔不絕地和你交流。

先觀察情勢，再發動攻勢

想發動攻勢，就得小心觀察情勢。遇到多愁
善感的女人，只要以誠相待，她也同樣可以
滔滔不絕地和你交流。

　　女人期待真情，並願意為愛情付出一切。但是，由於她們的
脆弱和容易產生的不安，又會經常使她們陷入過多的憂慮和多愁
善感之中。

　　女人是一種多愁善感的動物，具有豐富的內心世界。

　　內心豐富的女人都有著豐富的眼神，這是上天賜予她們用來
傳達豐富內心世界的。如果你想追求的對象一位多愁善感的女人，
也並不是壞事。

　　多愁善感的女人即使看庸俗的肥皂劇，也往往會唏噓不已，
當然，如果她們看到流浪街頭的老嫗，更是大動惻隱之心，這是
她們善良的本性使然。

　　生活中多了這樣多愁善感的女人，也就多了一份溫馨，她會
用一顆包容一切的心去愛周圍的人。

　　多愁善感的女人因為慈愛，所以溫柔。

　　但很多時候，男人是無法理解女人的這些想法的，也不知道
女人產生這種想法的原因在哪裡，當然，也就更不知道如何應付
了。這可能讓很多男人在與女人交往時碰釘子。例如，如果你聽

一個女人說「我心情不好」，便想乘虛而入，準備幫她「解決問題」，甚至還想讓她對你的「救世主」行為產生好感，那恐怕會大失所望。

　　我的朋友 A 在某高中擔任班導師的職務，在她的班上有一位性情活潑的女學生。有一天，這個女生一反常態，變得無精打采。A 基於關心便與她談心，問她到底發生了什麼事。

　　剛開始，女生還不願意說，後來在她開導下，這才慢慢說出原因。原來，這位女生並沒有遇到什麼生活難題，只是她喜歡的偶像歌手有了女朋友。就為這事，她感到很不高興，因此才多愁善感了起來。

　　A 聽了她的話後覺得非常不可思議：「就為這點小事？有必要嗎？」

　　當然沒必要，但大多數的女人就是這樣。很多男人也都遇到過這種很容易為一些芝麻小事就使情緒陷入低潮的女人。

　　女人的多愁善感與男人不同。男人可能會因為一些不順心的事而使情緒陷入低潮，如同遭受了嚴重的打擊，一時難以恢復，但女人不是這樣，女人多愁善感是因為內心的細膩和敏感，可能僅僅因為一棵小草死掉了，或者因為男朋友的一句話，便會陷入一種不穩定的情緒當中。

　　一旦自己釋然了，女人就會立刻恢復原狀，從那種多愁善感的低落情緒中跳脫出來，如同沒事一樣。

　　由此可見，男女心情不好的定義完全不同，有時女人還可能利用這種多愁善感和鬧情緒來吸引身邊的男人。所以，當你聽到

女人對你說心情不好時，應該了解，也許她並不是遇到了什麼大事，只是一時感到憂鬱而已；她願意對你說，表示對你有一定程度的好感。

如果你們的關係比較親密，此時適當地關懷可以讓她備感溫暖，並且很快擺脫這種情緒。

但如果你們的關係一般，聽了她的話後，千萬不要認為自己有機可乘，急著發動追求攻勢，比如請她吃飯，勉勵她說：「打起精神來，今晚我陪妳大玩一場，放鬆一下心情。」否則，最後失望的可能是你！

你會發現，這種乘虛而入的方式根本達不到目的。因為她可能只是為了一點微不足道的小事而出現暫時的情緒不穩定，說不定飯後她的情緒就會好轉，這時候她很可能會改變態度說：「現在我好多了，謝謝！」

想發動攻勢，就得小心觀察情勢。其實，女人鬧情緒時，是不會把心裡話說給交情普通的男性朋友聽的。如果你準備追求女人，還是別選在她鬧情緒的時候進攻。

不過，遇到多愁善感的女人，你也不必擔心，只要以誠相待，她也同樣可以滔滔不絕地和你交流，甚至還向你敘述她以前的羅曼史，情節都非常動人逼真。說到投機處，她甚至可以連那些男女之間不宜透露的細節都告訴了你，最多加上一句「不能告訴別人」。

這就是讓男人覺得無法理解的女人，她們時而高興，時而憂鬱，時而滔滔不絕，時而又沉默不語。追求女人的樂趣也就在這裡。當然，追求之時一定要掌握時機，否則恐怕會碰一鼻子灰！

聽女人說話，與女人對話

想追女人，首先應該學會做一個好的傾聽者，這正是讓女人對你產生好感的第一步。每個女人在訴說的時候，都希望能夠找到知己，產生共鳴。

女人是需要溝通和傾聽的，這並不是說她們自己無法解決問題，有很多時候，她們的這種需要只是女人的天性在發揮作用而已。

女人是訴說的動物——不論你在哪裡看到了這句話，都不要懷疑它的真實性。是的，女人就是需要訴說的，尤其是感情方面。無論是初戀、熱戀還是失戀，甚至是不倫之戀，她們都希望將心中的感情和感受告訴給自己的閨中密友或是親密愛人。

有些腦袋不會轉彎的男人也許會覺得女人真的很囉嗦，「說出來問題就解決了嗎？」或者「我幫妳把問題解決，不就好了嗎？」如果你這樣說，那麼就代表你還不夠了解女人，難怪至今仍是孤家寡人。

女人有時候訴說自己的鬱悶，並非是指望別人幫助她解決問題，她需要的只是一個傾聽她訴說的人而已，並不在乎說完後問題是否得到了解決。這就是女人和男人不同的地方。

但是，女人要真正找到一個傾聽者倒也不是件容易的事，閨中密友可能因為戀愛而無暇顧及，普通朋友又忙著工作，要是不

找個「還可以」的人來聆聽，就只能獨自一人輾轉反側，難以成眠了！

即使女人很想談談心，但卻沒有幾個男人願意耐著性子說：「把妳的一切煩惱慢慢說給我聽吧。」

大多數男人是做不到這一點的，不僅做不到，相反的可能還會覺得女人的訴說太過於嘮叨，無理取鬧，甚至有點無病呻吟。男人心目中的交流是研究問題、辯論是非，找出解決辦法的途徑。爲了達到這個目的，也許會一再打斷女人的話，要她明白他的意思。然而，女人需要的是男人友善地傾聽，而不是老發表意見，她需要的只是一個具有同情心的好聽衆。

女人常常將談話看作是與聽者分享情感的方式，在傾聽者面前會說個不停，直到自我感覺較好或心情舒暢的時候，才肯收住話題。這是女性的心理特點，必須妥善掌握。

男人們如果想在交談中與女人溝通，就需要把注意力集中在情感層面，而不是在解決問題的辦法上，也就是說，你應當做一個好的聽衆。

而且如果女人肯把你當作她的傾聽者，或者經常在你身邊嘮叨，恭喜你，這就說明她對你非常信任和依賴，也許她並不期望你能夠幫助她解決她所面臨的問題，只是覺得說出來後心裡感到很舒服，覺得你能夠體會她的心情。

相反的，如果愛慕的對象什麼都不肯對你講，整天沉默著，和你說話也一副心不在焉的模樣，那表示她對你欠缺信任感。

想追女人，首先應該學會做一個好的傾聽者，這正是讓女人

對你產生好感的第一步。如果你願意聽女孩嘮叨辦公室的趣聞、前男友的種種惡習，並對她的觀點表示一定程度的贊同和欣賞，再適時地拍拍女孩的肩膀，那她不久後就很可能會溫柔地依偎在你的懷中了！

　　戀愛之時，如果你學會用欣賞的態度傾聽愛人每天對你的嘮叨，你也會發現，其實那並非一件無法忍受的事。

　　工作了一天，身心疲憊，聽聽愛人的嘮叨，並偶爾插幾句嘴，順手幫她一個小小的忙，也許是一種不錯的放鬆方法。不僅讓伴侶感覺到你對她的重視和關愛，還放鬆了自己的身心，一箭雙鵰，何樂而不為？

　　傾聽女人說話是一門藝術，除了用耳朵去聽之外，還要懂得不要做過多的評論，但這不代表一言不發。

　　每個女人在訴說的時候，都希望能夠找到知己，產生共鳴。所以，一旦你下定決心要追求某個女人，請學會傾聽，她一定會喜歡和選擇懂得傾聽的人。

　　好萊塢電影〈男人百分百〉（What Women Want）中，就講了一個能夠聽到女人心裡話的男人，因為了解女人的心理，所以做事的時候總是遵循女人的守則，因而備受青睞。

　　男性朋友們，如果想要了解女人，接近女人，就請先成為一個好的傾聽者吧，因為女人都在尋找生命中那個永遠的傾聽者。

先學會溝通，再採取行動

與女人溝通，尤其與愛慕的對象溝通，男人最容易迷失自己，如果你抱殘守缺地面對愛情，那就準備在愛情裡永不翻身！

　　想成功把到正妹，男人不應該只求成為女人的好聽眾，更應該學著如何解讀女人的表情、感覺，以及情緒，做到真正了解女人，才能掌握更多機會。

　　當然，這是一項比較困難的工作，因為在一定程度上來說，可能女人自己都不是很了解自己。同樣的，真正了解男人的女人也並不多。這也就是為什麼那麼多男女關係最終都以悲劇收場的主要原因。

　　如果你最近有了心儀的對象，很想與她進行一次浪漫的約會，那麼懂得如何與女性溝通對你而言，就是一個重要的問題了。別忘了，對女人的基本了解與你和她交流的整個過程都休戚相關喔！

　　女人是一種感性的動物，內心比較敏感，面對事情和人的時候，往往會從各個方面設想，喜歡去猜測別人做決定的意圖、目的和用心。

　　但是，如果你對自己的魅力和溝通能力沒有任何懷疑，認為女人與男人的說話和思考方式大同小異，那你就慘了！

女人在表達她們的情緒時，往往會說一些比較誇大的話。比如，女人有時候會這樣對男人說：「你總是不帶我出去玩！」作為男人，你的第一反應是什麼？如果按照這句話的字面意思來理解，大多數男人都會做出這樣回答：「誰說的？我們上週不是出去了嗎？」

但實際上，她要的答案也許並不是這樣，女人這樣說的目的並不是真的在責備你從不帶她出去，當然不希望聽到你給她這樣的答案了。

她只不過是在抱怨而已，怪你帶她出去的次數太少。如果你能夠領會到她所要表達的意思，今天能帶她一起出去散散心，相信就什麼問題都沒有了。

也許對這種說話方式你感到很苦惱：「妳覺得我帶妳出去的次數太少，直接說不行嗎？為什麼還要拐彎抹角的？」但這就是女人的「溝通方式」。

男人不能完全領會女人的「話中有話」，猜不透女人的真正心思是很常見的，但儘管這樣，你還是不能不猜，否則可能就真的永遠也猜不到了。

除了耐心傾聽女人的說話外，你也應該嘗試著多鼓勵和讚揚女人，並幫助她們做出比較直接的表達方式。

正確解讀女人的溝通方式，不僅可以幫助你更深入地了解女人的內心，還可以化解你和她之間的衝突和矛盾。

如果你和你的女朋友不小心吵架了，其中一方可能會說出這樣的話：「你這個人怎麼這麼怪？真讓人搞不明白！」

這樣的情況往往顯示出男女雙方總是希望對方能夠像自己一樣，能夠以相同的方式來進行思考和行動。但別忘了，男人和女

人完全是兩種不同的動物，彼此之間存在著很大的差異，因此才造成了溝通的障礙。

如果女人對你抱怨說：「你怎麼老是不聽人家說話！」可能在你聽來，這沒什麼大不了。但是，對女人來說就完全不同了，你不認真聽她說話，就是不重視她，不尊重她，那你簡直就是罪大惡極。

因此，男性朋友們，如果你打算追求女人，和對方維持長久的感情或融洽的氣氛，千萬別在她說話的時候忽略她。

女人喜歡抱怨，這也是天性使然，她們的目的無非就是希望你多注意她們一點，多重視她們一下，所以用稍微誇張的語言也是很正常的。

同時，女人說話還經常拐彎抹角，這點與男人大不相同。

男人會認為，有不滿就要說出來，直接讓對方知道，不必費心猜疑，如果不說出來，對方就無法改善，表達不滿是為了點醒對方、解決問題，這也是一種善意溝通的橋樑。

但女人卻不習慣這樣直接的表達方式，她們認為，如果男人真的在乎她，就不會一點都察覺不到自己的不滿情緒；用心的男人必須做到即使沒說出來，也應該知道女人在想什麼，如果男人不用心，即使說出來也沒意思。女人一般先需要好的感覺，然後才願意進行溝通。

男人常說「女人心海底針」，要想了解女人的內心，確實是一件相當艱鉅的工作。但每一個女人的內心真的都是難以探尋的嗎？其實也不盡然，男人這樣的結論並不完全正確。

與女人溝通，尤其是與愛慕的對象溝通，男人最容易迷失自

己了，不論是要弄懂對方的心理，還是徹底了解自己，其實都是同樣重要的事。

　　不過，也不是完全沒有辦法了解女人的內心。

　　觀察，是了解的第一步。你要有足夠的耐心認眞觀察對方的言行，才能對她有比較粗淺的認識。但是，那絕不是全部，只是了解的基礎而已。

　　接下來的日子裡，你還要保持足夠的「彈性」面對她，接受她是一個隨時會發生變化的人，而不能僅僅抱著「以不變應萬變」的心態與女人進行溝通。

　　如果你抱殘守缺地面對愛情，那就準備在愛情裡永不翻身吧！因爲女人是不會給你任何可以翻身機會的。

　　沒有任何一個人的心是縹緲難測的，女人也是如此，只要你用心地觀察她們，眞誠地面對她們，想要進入女人的內心，並不是那麼困難的事。

戀愛中的女人最迷人

女人是離不開愛的，她們是愛的化身，有了愛，她們就等於擁有了一切，自然也就擁有了美麗。有人愛的女人才美麗可愛，愛是女人最好的美容劑！

　　法國文豪巴爾札克曾經寫過一句名言：「女人的幸福是要有人愛，有人疼；有一個知己可以訴說心中的夢想、悲哀、喜悅。」

　　美好的愛情會為你帶來幸福與活力，埋在心底的愛意卻只會徒留下哀怨的記憶。如果你的心中滿是對某個女性的憧憬，那麼就不要吝惜自己的愛，必須鼓起勇氣，把心中的愛慕說出來，如此才能追到自己真正想要的女人。

　　女人是愛的化身，女人與愛是分不開的。女人美麗，是因為心中有愛；女人偉大，也是因為心中有愛。如果將愛比做水中游動不息的魚兒，那麼女人就是流在紅塵中的水。

　　在這個世界上，有愛的女人就像盛夏中的一泓清泉，燥熱中飲一口清涼，喧鬧中享一刻恬靜，浮華中存一層質樸，繁忙中多一份感動。世界也因為女人的愛而變得更美好，有愛的女人將世界妝點得多彩多姿。

　　女人一生的悲哀，莫過於愛上一個不值得愛的人，嫁了不應該嫁的人；女人一生的幸福，莫過於與心愛的男人在一起。

　　女人可以愛得轟轟烈烈，也可以恨得刻骨銘心；女人的愛，

可以愛得歷久彌新，也可以愛得雲淡風輕。

女人與愛，是天與地的和音，是現實與理想的紐帶；女人與愛，是生與死的交集，是時間與距離的延續；女人與愛難捨難分，愛與女人更是不離不棄。

有這樣一個化妝品的漫畫廣告，上面畫了一個白姑娘和一個黑姑娘，配上這樣一段對話——黑姑娘問白姑娘說：「妳最近膚色變白了呀，是什麼原因呢？」白姑娘羞答答地答道：「我戀愛了嘛。」

因為戀愛，女人的皮膚變白了，也就是說，白姑娘變成了美人，「一白遮三醜」嘛！雖然廣告的宣傳難免有些誇大，但也不是沒有道理，女人戀愛後的確可以變漂亮。

事實也的確如此，即使本來缺乏女人味的女人，戀愛以後也會突然變得舉止文雅，顯現出迷人的風采，此時女人往往是臉色生輝，眼底含潤，姿色大增。

我們都知道，「新承雨露」的女人是最可愛動人的。從一個女人的外貌，幾乎就可以知道她的戀愛、婚姻狀況，愛情的滋潤是女人最好的美容劑，會讓女人變得既溫柔又有女人味，姿容中也會顯出無比的滿足。

女人有了愛以後，就會變得完全像另外一個人一樣溫柔美麗，變化之大簡直令人懷疑她是否與原本說話大剌剌、歇斯底里的女人是同一個人。女人是離不開愛的，她們是愛的化身，有了愛，她們就等於擁有了一切，自然也就擁有了美麗。

研究發現，沐浴在愛河中的女人經常處於激動的狀態，這種

狀態會促進體內雌激素大量分泌，雌激素在眞皮內會與特異受體結合，使皮膚對很多物質的滲透性增強，使皮膚的水分含量得到改善，使得懷春的女人姿容顯得格外嬌美細潤，眉黛含春。

擁有滿意性愛生活的女人更是神采飛揚，充滿活力，和諧的性生活可以調節人體的神經、內分泌平衡等。一般來說，女性的月經失調、痛經等症狀，在戀愛、結婚後都可以不藥而癒。而讓女孩煩惱的青春痘問題，也會在她們戀愛、婚後消失，肌膚也變得光滑濕潤，富有彈性。

同時，女人在戀愛期間，由於精神一直處於緊張狀態，心裡老想著如何讓心上人看到自己最美、最可愛的一面，於是姿態、動作、言談舉止等，也都會大大地往美的方向轉變。從髮型到首飾，從衣服到鞋子，穿起來合適不合適，搭配起來順眼不順眼，都一定要經過反覆地考慮。如果得到了對方誇獎，就會更加興致勃勃地爲變美而努力。

由努力可以得到自信，再進而發展到更深一步的魅力，始終朝著好的方向運轉，這樣的女人怎麼會不變美呢？

但一個女人如果一開始就缺乏自信，始終認爲「我這麼醜，哪能有男人看上我呢」，平時不注意打扮，情緒也相當低落，這樣的情緒很容易導致女性激素的分泌受到抑制，性腺刺激荷爾蒙枯竭，使本來不太美的面容因此更變得乾澀醜陋。進入中年以後的家庭婦女之所以容顏早衰，正是由於這種原因。

可見，有人愛的女人才美麗可愛，愛是女人最好的美容劑，也許在一定程度上，愛還要勝過香薰、美容吧！

所以，要讓你的女人看起來更美，一定不要吝嗇你的愛！

女人是愛情的化身

想追求女性就得付出真心和真情，請珍惜你
們身邊的女人，只要你對她們付出一分的
愛，她們就會回贈你十分的情。

女人坐在一起，大部份時間都在聊男人。戀愛中的女人在說自己的男人時，常常都是誇他們的。比如，他出人意料地送她一條高級的絲巾，或者給她買了一枚髮夾，或者陪了她逛街，但什麼也沒買，最後兩個人又空手回來等等。女人說得一臉的幸福，其他女人聽得一臉羨慕。

其實，點點滴滴，細數著也不過都是生活的瑣碎小事，但在女人眼裡，這些東西卻閃著特殊的光芒。女人總是在這樣的瑣碎裡豐滿著自己的幸福。

女人覺得幸福，是因為女人的心中有愛，女人是愛的化身，女人在愛與被愛中詮釋著自己的幸福。

孔老夫子道：「唯小人與女子難養也。」真不知道孔老夫子為什麼會發出這樣的感慨，其實女人是最好養的了。有時候，男人只需一個滿意的歎息，一句暖人心窩的話語，就足以把她們的心餵得滿滿的。

想那個踏遍萬水千山的三毛，為了她所愛的荷西，滿街去找帶有條紋的棉布，在深夜裡忍了瞌睡，趕工做出兩條肥肥的短褲，

給她的荷西寄去。這一切只因為荷西說他喜歡。她還會兩手沾滿白白的麵糊，推掉雜誌社的約稿，一心一意為荷西包餃子，只因為荷西在吃的時候，會滿足地歎氣。後來荷西去了，三毛常常沉浸在這樣的回憶裡，輕撫曾經的幸福，泅渡不過這份回憶。

女人的幸福就是與愛緊密相連的，只要有愛，再多的付出女人也心甘情願。失去了愛，女人的幸福就成了無枝可依的花朵，很快就會枯萎、凋殘。

每個女人心中都想找到自己的真愛，也都希望身邊有個能夠傾心相愛的人來相伴一生，並且會對這個人魂牽夢縈，牽腸掛肚。

女人一旦遇到了自己所愛的人，就會為他付出一切，甚至生命中最有分量的財富，也會毫不猶豫地送給心愛的男人。女人的愛就像是緩慢滲出、靜水流深的清涼泉水一樣，讓人的心變得柔軟而澄澈。

愛令女人變得非常具體，她們以為，如果沒有一個實在的男人來愛，那麼生命就無所依附。儘管她們也知道，白馬王子只是童話故事裡的人物，在現實生活中根本不存在。可是她們不在乎這些，也不在乎自己的情感神經總是那麼的脆弱，是否能承受得起傷感，就不顧一切地全心投入。

愛使女人變得更加細心、體貼，她們期盼著用自己的愛去感化對方，女人獨有的天真和溫柔的天分，也只想留給所愛的人。

這就使女人比男人更加沉醉在愛情的幻想之中，在情懷上，女人也更加憧憬浪漫，更加追求大喜大悲的愛情。愛對於女人來說，是一座城堡，神秘而美麗，但美麗的東西總會讓人迷惑。

　　愛情美麗，但在現在的社會裡，愛情卻常常如曇花一現般一閃即逝，婚姻也越來越脆弱得不堪一擊。

　　正因為如此，女人的愛情路上總要經過很多波折。

　　其實，女人只要在愛中少一分執著，便不可能變得那麼癡狂；少一分真愛的付出，便不會變得如此感傷。

　　但是，女人天生與愛是分不開的，她們無法壓抑自己純真而癡迷的愛，也只有在愛中，女人才真正能夠詮釋自己的價值。

　　女人的愛是一道最美麗的風景，讓男人流連忘返。

　　女人用她們脈脈含情的雙眼、敏感細緻的心思，注視著身邊的人和事，追逐著肌膚可感的、夾帶著有情無情的風景，體察著肉眼難見的、翻滾冷熱的心流，她們小心翼翼地採擷著生活的美麗，哪怕是一片欣欣向榮的綠葉，一片即將枯萎的花瓣，一聲輕輕的歡息，一顆流到腮邊的淚珠，一道或喜或傷的目光……女人都把它們視如珍寶，細細收藏。

　　在人生的保險箱裡，女人藏的是逝去的歲月，是真誠的情感，甚至是對未來的期望。所以，男性朋友們，想追求女性就得付出真心和真情，請珍惜你們身邊的女人，只要你對她們付出一分的愛，她們就會回贈你十分的情。這一切，只是因為女人是愛的化身，是情感的化身。

別急著打退堂鼓

如果你心儀的對象是個女強人，別急著打退堂鼓，任何一個想追求女性的男人都應該知道，只要給女人一點點的支持，就足以換來她更多的愛。

　　現代的女性，因為有更多接觸社會的機會，也有了更多施展才華和表現自我的可能。女性好幾個世紀積壓下來的潛能在現代女人身上迸發出來，造就了不少在各個領域表現突出的女強人。

　　與此同時，有些女人自己也因為別人覺得自己不同凡響，覺得自己獨立、堅強，所以開始掩飾自己的脆弱和恐慌。

　　她們獨自撐起一片天空，成為眾人景仰的「大姐大」，被大家敬而遠之地羨慕或欣賞著。同時，也因為大多數男性怕吃閉門羹，不敢展開追求，她們心中便常常形成一個對自己的錯誤判斷：「只有不斷追求成功，我才能被接受。」

　　年輕的時候，這樣的想法可能會成為表面的動力，推動她們不斷進取。然而，隨著年歲增長，這種想法就會越來越演變為女人心靈上的負擔，讓她們時時刻刻生活在危機感中。

　　可以這麼說，女人成就越多，越容易惶恐不安。

　　實際上，不論在生活中，還是在工作中，女人都需要來自外界力量的支援。

　　再堅強的女人也不是超人，只是她們習慣了壓抑內心的需求

和脆弱，將自己緊緊包裹起來，甚至還常常有被視爲冰山美人的孤獨。從某種程度上說，這也是現在很多女人追求獨立和自強的悲哀。

事實上，每個女人都渴望一份至眞至美的愛，渴望一個可以依靠的寬大肩膀，在生活中給予她們保護，替她們遮風擋雨；在事業中，爲她們出謀劃策，承擔風險。

即使是一個看起來再獨立、再堅強的女人，內心的這種渴望都是絲毫不少於其他女人的。

即使是個女強人，在感情中大部分還是能將自己當作一個普通女人，同樣具有溫柔、體貼的天性，對愛情的渴望也很強烈。

現在的女人一點都不輕鬆，生活中要扮演很多角色，還要面臨工作壓力，這些足以讓她們筋疲力盡。

因此，女人希望能夠有一位體貼和支持她的男人，當她遇到困難時，如果男人能夠適時地給予她一些指點和支持，鼓勵她去做新的嘗試，那麼一切對她來說，都會是幸福的忙碌。

如果你心儀的對象是個女強人，別急著打退堂鼓，任何一個想追求女性的男人都應該知道，只要給女人一點點的支持，就足以換來她更多的愛，這筆帳，怎麼算都是男人划算！

男人要處女，根本沒道理

 男人們總是一面要求女人婚前為處女最好，
一面卻又禁不住衝動，反過來極盡所能地要
求女人婚前與自己發生性關係。

很多觀念保守的男人，大多希望自己的戀人或追求對象是一個純潔認真的女人，如同希望女人溫柔善良賢慧一樣。

女人的貞潔在男人心目中的可貴之處不是在於生理上的那層膜，而是來自一個女人對愛情的尊重，對自我放縱的約束。

男人大都熱愛處女，這對女人來說本來就是一件棘手的事情，偏偏還有一些不軌之徒號召男人們起來「反對」非處女，真是不可思議。

其實究其根源，還是男人的處女情結無法解開，而且事實上，男人也不願意解開。

應該說，這是男人的自私心態使然。

事實上，男人們對女人貞操的要求非常狹隘，狹隘到一張處女膜上，好像一張入場門票的截角，必須由他來撕掉才行，別人撕掉了都算作廢，甚至是女人自己不小心撕掉也不可原諒。

這就顯示一種立足點的不公平，因為男人們沒有處女膜，是不是原裝的，根本無處核查，就只能在心貞與不貞上加以考究，除非男人自己從實招來，否則是絕難發現的。

正因如此，對於男人們的貞操與否，歷來都是個被人忽略的問題，貞操成了只屬於禁錮女人的枷鎖。

男人們肉體上的貞操已被感性的女人們很大度地放過去，退而求其次地只能在精神貞操上做些面子上的文章了。

男人們卻並未因女人對自己的寬容和大度而對女人的要求稍有懈怠，魚和熊掌還是要兼而有之的好，否則彷彿像缺一條腿般的寸步難行，精神上把握女人的絕對忠貞，肉體上更需各種零件，缺一不可，弄得自古而今的女人們個個誠惶誠恐，整天像守財奴似的守著自己的貞操。

難怪一位頗有名氣的女作家深惡痛絕地說道：「你們男人不就是想要處女膜嗎？那就把天上的雲彩剪成一片片分贈給你們好了！」

對不慎失身的女人，有些不知情的男人在事後發現她並不「純潔」的時候，便毅然將她拋棄的情形時有發生。

女人的痛苦和憂慮是真的值得同情，因為她的付出最終導致的卻是更快地失去本來就要到手的幸福。

即便她是個處女，禁不住各種諾言的誘惑而委身於男人，男人也許會有那麼一刻鐘的感激和偷嘗鮮果之後的快感，但過不了多久就會覺得自己的諾言許得太快而轉身將她忘在腦後，那剛剛湧起的責任感也像肥皂泡一樣閃著五光十色飛到她的眼前便頃刻爆裂。

遇到稍有良心的男人，這個過程或許會再漫長一些，但同樣會讓女人更加難以忍受。

倘若女人不是處女，境況又要惡劣許多。

　　這是一個很荒誕可笑的矛盾，在兩性的問題上男人們總是做出一些搬石頭砸自己腳的事。一面要求女人婚前為處女最好，一面卻又禁不住衝動，反過來極盡所能地要求女人婚前與自己發生性關係，男人在佔有女人方面總是帶有極其猥瑣自私的一面。

　　女人之所如此醒目、如此顯眼，就只因為她是女人，與她是否曾經有過性經驗毫無關聯。

　　因此，對於如此看重處女行情的男人們，真該好好地反省反省了。

男人能否猜透女人心

情場如戰場，男孩子應深諳「兵不厭詐」的道理，

對於女孩的語言，適時地運用反其道而思之的

逆向思維方法，在情場上就可以成功的俘虜女孩的心。

當男人愛上女人

喜歡是從對方身上所顯露出來的美感所產生的，它從局部開始，慢慢擴展延伸，並漸漸轉變成好感。

日本心理作家國康孝分說：「愛情就實際內容來說，既有甜蜜的一面，同時，它又是自我磨練的沙場。」

當你愛上一個人，對別人來說是個未知的「Ｘ」，但對你自己是不是從一開始就了然於心呢？

恐怕也不盡然。愛情一開始通常是朦朧的影像，事實上，當你悄悄愛上了某個人的時候，你自己還不一定會意識到。

有那麼一天，當你發現的時候，會驚奇地說：「喔，原來我早就在愛著她！」其實，這一點也不奇怪。愛的長河是流動的，它會經歷從自發到自覺，從模糊到清晰，從表面到深刻的過程。

你怎麼知道自己是否已經陷入愛河了呢？

・是否特別注意觀察對方

愛是以相互的了解作為基礎的，對方的人品如何、性格怎樣、有何種特長等等，你都想一一了解。

在對方常到的場合，你也會常常自覺地到那裡露面，哪怕僅僅是看對方一眼，心裡也會感受到莫名的興奮。

只要一有機會，不論時間是長是短，你都留意觀察對方的一

舉手一投足，並由此進一步揣摩對方的心意。

隨著你目光的追蹤，對方作為你愛的形象，也將在你的心靈底片上感光，留下深刻的痕跡。

• 是否超乎尋常地喜歡對方

喜歡是從對方身上所顯露出來的美感所產生的，它從局部開始，慢慢擴展延伸，並漸漸轉變成好感。

比如你由喜歡對方的一雙大眼睛開始，可能慢慢地喜歡上整個的人，並且越看越覺得對方美，這就是人們常說的「情人眼裡出西施」。

在你眼中，對方的美不同於其他人，總是能引起你心中的讚美和自豪之情，使你留戀，願意待在對方身邊。

• 是否從心裡感到需要對方

對於自己所喜愛的人，我們常有這樣的感受：有了快樂，想盡快告訴對方；有了煩惱，總想找對方傾訴；有些事如何處理，也想去徵求對方的意見。

似乎自己的一切都與對方有著密不可分的聯繫，只要對方在，心裡就感覺很踏實，一旦對方離開，就感到六神無主，不知所措。

• 是否格外愛護對方

你如果愛對方，那麼對於她的一切你都會很關心。如果對方要參加考試，你會想盡辦法挪出時間陪考；如果對方遇到了生命危險，你也甘願用自己的生命去保護對方。

剪不斷，理還亂。當你愛上一個人時，那種心亂如麻的情感體驗，足以使你輾轉反側，柔腸千轉！

如何告訴對方「我愛你」

求愛者和被愛者通常必須比較接近，在相距
很近的情況下，當說話者用眼神專注地看著
你時，你也許會點頭。

告白是愛意的表達，也是一種特殊的愛情交流。

一個人想要告白成功，必須具備幾個前提條件和諸多有利因素。如果偶然遇到一位心儀的人就貿然向對方求愛，這種做法十之八九會碰一鼻子灰。

為了使你的求愛行動早日成功，這裡介紹幾個基本要領，雖然算不上「靈丹妙藥」，但相信會對你有所幫助。

• 不妨先照照「鏡子」

照「鏡子」就是自我評估，是對自己的情況進行理智的分析、客觀的評價。

主要是看自我形象、思想感情、生活作風、道德修養、人生理想、價值體系、學識才華、工作職業、經濟狀況、家庭條件、社會地位等等。對這些方面認真地、客觀地、系統地加以分析和全面的權衡，然後為自己畫一個肖像，看看自己的價值有多高，自己應該找一個什麼樣的對象才能「門當戶對」。

有一些男人往往自視甚高且眼高於頂，對別人的要求也十分嚴格，似乎自己很了不起，非得找一個條件很好的另一半不可，

對一般女性總是不屑一顧，結果高不成低不就，以致幾年後還孤身一人。

另一些男人則相反，往往低估自己的價值，自卑感很強，以致不敢去追求自己很有可能追到的對象。這兩種人都沒有做出正確的自我判斷，沒有自知之明，因而求愛就難以成功。

所以，自我評估一定要全面和客觀，要顧及自身價值的各個方面，以及這些方面的優劣和好壞，切忌只看到自己的優點，忽略了缺陷，因此而高傲自大；相反的，悲觀主義也無好處，容易錯過求愛的時機。

• 廣泛收集對方的資訊

求愛只靠自我診斷不夠，還必須先對對方進行通盤的了解。求愛之前應盡可能收集各種相關資訊，並對種種資訊進行加工處理，為對方也畫好一幅肖像畫，並與自己的肖像畫加以比較，看是否「相當」。

有些人對自己追求的對象一點也不了解，連名字、手機號碼……等最起碼的情況都沒有搞清楚，就貿然而進，結果當然碰得頭破血流。

有些人雖然了解一些表面情況，諸如學歷、年齡、工作職業、家庭狀況等，但是並不知對方的心理狀況，缺乏恰當的心理分析，僅僅依據表面情況而做出判斷，自信滿滿地以為對方會接受自己的愛，但最終的結果卻相反。

還有的人對對方儘管很了解，但不知道人家已經另有心上人，這就只能得到婉言謝絕。

所以，只有對對方進行全面而深入的了解與分析，不打沒把握的仗，求愛才有可能獲得成功。

• 在心境愉快時告白

告白能否成功，大部分取決於對方心境的好壞。

根據一些把妹達人的經驗，只有當對方情緒激昂、情感活動強烈、思想狀態正常，並在稍微放鬆的心境中求愛，才會有成功的希望。如果對方情緒很差、情感處於悲傷狀態、意志消沉，求愛就會毫無效果。

有人主張在雙方都興高采烈的娛樂活動之中告白，這是很有道理的。因為在這時，雙方一起活動，心理狀態相似，心境基本上頗為類似，只要基本條件相符，沒有強制性拆散力，求愛就有可能成功。

此外，心境不但包括對方的，也包括自己的，如果自己的情緒不太好，缺乏激情去求愛，就不可能恰到好處地表達愛意。

當然，如果情緒太激動時，應先稍微平靜一下，否則就會像電影中經常上演的求愛者那樣，激動得語無倫次。

• 選擇一個優雅的場所

有助於情感變化的景色和環境是告白所必需的。沒有人會在菜市場裡告白，也不會有人在打架的場合裡告白。

告白一般應選擇優雅和比較幽靜的場所，比如電影院、劇場、遊樂園、林間小道、湖邊柳岸……等，電影、電視中告白的情節大都是這樣置景的。這些地方環境比較優美，能使人進入高度的情感狀態，對告白大有助益。

• 千萬不要倉促上陣

愛情的火花不可能一觸即發，情感的喚起和激發是需要時間

的。如果時間太倉促，在對方正忙碌的時候告白，是很難喚起對方情感的。

因為當時對方的精力專注於正在進行的活動，不可能專心一意地考慮你的要求，時間太短讓對方沒有思考的時間，很難給你滿意的答覆。

因此，告白最好是在比較空閒和充足的時間裡進行，如果能在休息的假日告效果當然會更好。

• 拉近你和對方的距離

美國有些心理學家曾經研究過人與人之間的距離問題，研究結果說明，人的情感與距離的遠近密切相關。比如兩個陌生人之間的距離比兩個朋友之間的距離要大得多，普通朋友之間的距離比美滿夫妻之間的距離要大得多。

此外，他們也認為求愛的距離要比一般談話距離更近一些，大約不超過七英尺，這是近體學的研究。從心理學的角度探討，間隔距離及所處方位對於情感的傳遞和接受有一定程度的影響。

求愛者和被愛者通常必須比較接近，並且在同一方位間沒有障礙物。

近身帶來的效果一個是外表的吸引力，一個是性的誘惑力，一個是情感壓力。

在相距很近的情況下，一般都難於說出很尖刻的話，當說話者用眼神專注地看著你時，你也許會點頭，這些說明了近身與情感折服之間的關係。

美國一個心理學家曾舉過一個例子：一個年輕男子在辦公室裡向心儀的女孩告白，兩人相距八英尺，中間隔著一張辦公桌。女孩其實是喜歡求愛者的，但在此距離中並沒有答應他。

由此看來，告白者必須想辦法拉近與對方的距離，同時以一些恰到好處的親密舉止作輔助，這樣做將對你大有好處。

• 不要小看光線和色調

柔情的激起，與柔和的光線密不可分。

無論是自然光線還是人工光線，告白的光線必須是比較迷濛和柔和的。在那麼一種暗而不昏、明而不耀的情境中，情感融洽，言語投機，不只透過五官的感受完成，還可以由心的觀照來實現。所以，一般選擇在晨光初照，或落日餘暉未盡，或柔光似水的月夜，或淡雅微光的書房中告白比較有利。

此外，色調影響人的心理反應和認知評價，環境的色彩、服飾的色澤對告白者和被求者的心理有著重要的影響。

一般來說，綠色、藍色的環境象徵著美好和愉快，綠水青山正如同愛的搖籃。

男人能否猜透女人心

情場如戰場，男孩子應深諳「兵不厭詐」的道理，對於女孩的語言，適時地運用反其道而思之的逆向思維方法，在情場上就可以成功的俘虜女孩的心。

作家吉曼曾說：「越是漂亮的女孩，越是比一般人想像中的還要好追。」

這是因為，在一般人的認知中，越是漂亮的正妹，對想追求她的男人的要求一定越嚴苛，因此，幾乎有一半以上有意追求她的男人在還沒展開行動之前，就會自動先打退堂鼓。

在競爭者變少的情況下，如果你能比其他人用心了解正妹的內心真正想要的是什麼，即便你是宅男，照樣也可以成為「正妹殺手」！

女人的言語常是曲折的。如果在與女人的交往過程中，單從言語的表面意義去解析女人的心態，那將大錯特錯。

你必須多長幾個心眼，學著從女人言語的反面去看問題。記住，透過語言的內涵表現某種言外之意，正是女人的專長。

• 觀色思情

跟女人接觸的過程中，你要根據女人的談話內容和與你交談時的神態去體會她的真實用心。

比如有一位美麗的女性，對男人相當謹慎，從不隨便接受男孩子的邀請。一位男同事決定用滿腔熱忱的真情去叩開她的心扉。第一次邀請她去看電影時，她顯得很惋惜地對他說：「不行啊，我每晚十點鐘必須回家。」

但他不退卻，終於成功地邀請到自己鍾情的女人，成功的秘訣就在於這個男孩善於觀色思情。

其實，與女孩子相處時，如果她總是心不在焉，敷衍了事，或是以冷漠無聊的神情與你交談，尤其碰到與愛情有關的話題時，總是迅速轉開，那表示她對你的情感很冷淡，這時你就應該知趣而退。

相反的，如果她經常以依戀、激動的神色與你談話，表示她對你的印象不壞，她和你相處感到愉快、高興，希望能與你進一步發展彼此的情誼。

• 察言會意

人們常說「情場如戰場」，男孩子應深諳「兵不厭詐」的道理，對於女孩的語言，適時地運用反其道而思之的逆向思維方法，這樣在情場上就可以成功俘擄女孩的心。

有些女孩經常打電話給男朋友訴說：「我最近很忙，實在無法與你見面。」「我想一個人出去旅行，最近不能與你見面了。」

如果你相信的話，那你就是大傻瓜，如果她真的這麼忙，怎麼還會有閒工夫打電話向你訴苦呢？

其實，女孩子在戀愛中總喜歡男友注意她、關心她。因此，許多女孩子在自己最無聊的時候便向她的男友說她好忙，在沒有別的約會的時候告訴你約會太多，都無法與你見面。她的真實意圖是用此種方法來吸引你對她的注意。

如果你真的相信她，還自以為體貼地對她說：「既然那麼忙，那就等以後再說了。」這只能引起女孩子的失望。

記住，這種情況下，女孩的真實意思是：「雖然我很忙，但如果你約我，我還是可以抽出時間赴約的。」

女孩子認為如果你對她的愛很深，無論她多忙，你也要她抽出時間來赴約。

• 聽出言外之意

男孩子在戀愛時應根據女孩子談話中的語調、語氣抓住女孩的言外之意。例如，一個女孩下班後騎著腳踏車回家，看到意中人正走在她前面，她連忙下車，掩飾不住激動關切地問：「怎麼沒騎車？」

男孩笑著回答：「我想自己走一走！」

女孩立刻嬌嗔地說：「你這個人實在讓人捉摸不透。」

男孩敏感地意識到了什麼，提議說：「不如我們推著車慢慢散步好了。」

這裡女孩所謂的「實在讓人捉摸不透」，實際上的意思就是她早已受到男孩的吸引。因為，男人的「深不可測」就是一種魅力。女孩正處在男孩稍微了解而又不是十分了解時，她才會感到男孩對她的吸引力。而男孩正是從兩人漫步於大街上時及女孩以輕柔而微顫的聲音，品味出「你真讓人捉摸不透」這句話中隱含著「你真有魅力」的餘韻並做出反應的。

情愛世界裡，猜透女孩子內心的想法有各式各樣的方式，關鍵在於你平時要多注意觀察、用心留神，不斷積累經驗，只要掌握了一定的技巧，就會體會到與女孩子「心有靈犀一點通」的無限樂趣。

男人靠什麼魅力吸引女人？

 深沉是內在的精神修養，是閱歷豐富的男人經過磨練之後獲得的獨有魅力。女性選擇伴侶之所以喜歡成熟的男人，正是被他深刻的內涵所吸引。

所謂男人的魅力，自然就是女人最喜歡的男人形象。女人對男人的評價有著她們獨特的觀點，而這些觀點，又往往是男人自己最容易忽略的。

• 可靠

男人可靠，說明他待人處事可信度強。

男人想在事業上有所發展，如果缺乏令人信任的特質，就很難獲得成功的機遇，沒有一個上司願意任用不可靠的下屬，沒有朋友願意找不可信的人合作。

在情場上常打敗仗的，恰是那種不能贏得女人信任的男人。不被信賴，是男人最不成功的人生。男人不被信賴，或是能力低下，或是本質素質低，事業上，上司不敢委以重任，怕他力不從心，難當大用；情場上，女人尋找不到力量，難以委託終生。

因此，可靠是男人的第一美德，也是男人的最大魅力。

• 溫和

那些情性暴躁、脾氣乖戾的男人，人人往往會對他敬而遠之，

女人更是避之唯恐不及。這樣的男人不但沒有好人緣，更沒有情緣，處處被人孤立，時時受到冷落，就像從蠻荒之地衝入人群中的困獸，沒有絲毫的人情味。

性格溫和的男人，深懷一種和善之心，易於親近，處處表現出貼體、關懷的善意。那些戒心強烈、容易受傷的弱女子，一旦投入溫情的懷抱，感受到和風細雨般的溫存，將如同沐浴在幸福之中深受陶醉，愛情便油然而生。

• 深沉

深沉是內在的精神修養，是閱歷豐富的男人經過磨練之後獲得的獨有魅力。女性選擇伴侶之所以喜歡成熟的男人，正是被他深刻的內涵吸引。

不過，深沉並不等於沉默寡言，有的女孩最初也被沉默不語的男性迷惑，但是經過接觸她便會發現，他的沉默可能是沒有想法，也可能是拙於言辭，更或許是毫無主見。

真正的深沉是一種經驗，是一種深思熟慮。男人切忌誇誇其談、口無遮攔、作風輕浮。深沉還是一種穩健的風度，不以年齡為標誌，更不代表老奸巨猾。這是一種少年老成的魅力，是能承擔大任的素質。女人熱愛深沉，看重的是這種男人的發展潛力，可以終身相許的，自然是能成大器的男人。

• 堅強

堅強是一只鐵爐，能夠將男人淬煉成鋼。百煉成鋼的男子，站在女人面前如同一根擎天柱，百折不彎，任憑風吹雨打。

人們常說，愛情是禁不起一發炮彈的木帆船，哪個女人敢於登上這樣脆弱的木船去經歷幾十年的婚姻風雨？堅強的男人能造

大船，他能挺立船頭爲女人遮風擋雨。感情的波折，家庭的困難，一遇剛強，都能夠化險爲夷。這種安全感只有從堅強的男人那裡才能得到，堅強的男人永遠不會做逃兵。

• 果斷

按照東方人的傳統觀念，男人在社會中應該處於領導地位，男人都應該是女人的領航人。

姑且不論男人的果斷力是怎麼喪失的，是否由於那些參與社會生活的女人使他們埋沒。總之，東方的女人大都喜歡處事果斷的男人，女人絕不想她遇到的男人都優柔寡斷，辦事拖泥帶水。

果斷的男人令女人尊重，大多數女人是願意處於從屬地位的，特別是在情侶眼裡，唯唯諾諾的男子漢大「豆腐」，顯得軟弱可欺，沒有骨氣，一個連女人都能欺負的男人肯定沒出息。

男人只要挺直了腰桿，說話擲地有聲，女人就頓起敬意。有主見的男人，遇事勇於做主張的男人，都能獲得女人的尊重。

果斷的男人令女人崇拜，果斷的男人有魅力，叱吒風雲，有領導者風度，女人只要遇到這樣的男人就會乖乖地馴服。

• 責任感

社會賦予男人神聖的使命，必須要創造價值，推動歷史進程。男人勇於挑重擔，迎難而上，絕不推卸責任。

責任感強的男人不自私自利，不要求享受、不圖安逸、不損人利己、助人爲樂、關懷弱小、疼愛妻兒，處處獲得尊重。

與這樣的男人相戀相愛，女人會有無上的榮耀，是一筆巨大的精神財富。

責任感是男人擁有的最高尚的品德，富有責任心的男人肯定

是個好男人，會尊重愛情，忠於職守。得到尊重的女人，能夠保持人格獨立，獲得身心自由，追求人生的價值。這樣一來，女人才會為了這段感情無怨無悔地付出。

·事業心

富有事業心的男人自然會以事業為重，追求發展前途，把愛情與家庭擺在從屬地位。但不能說他們不重視，他們更加需要溫暖舒適的家，讓他們棲息與放鬆。他們絕對相信書本上總結的：一個成功的男人背後，必定有一個好女人。

為什麼對於男人來說，事業的成就是人生第一目的？事業心是最值得驕傲的品格，女人卻把男人的事業心排在她們欣賞的諸多優點之後。這是時代的變遷，導致女人審美價值改變。

過去，夫貴妻榮，男人的功名利祿帶給女人榮耀和尊貴。現代社會女性解放，與男人比肩同行，許多女人的事業心、成功欲不亞於男子。女人自己能夠得到的，就不再感到彌足珍貴了，而且共同追求事業，容易忽視纏綿悱惻的愛情，也容易產生家庭隔閡，個性倔強的女人時時都想與男人易位。

但是，男人的事業心，仍是女人相當重視的。男人不思進取，懶惰消沉，女人則臉上無光，虛榮心大受打擊。女人真是難以滿足，男人不能按照女人的心意塑造自己。事實證明，社會雖然日益變遷，男人仍然是社會的中堅，無論女人如何大放厥詞，最終也不願意選擇一個在社會上、在家庭裡都無足輕重的男人為夫。不是嗎？

女人仍把事業心當作男人的美德之一。

·獨立性

男人的獨立性是男人成熟的標誌，是男人的立身之本。男人最重要的是精神獨立，樹立獨立人格。

女人不喜歡沒有主見的男人。有的男人總被別人左右著，無論討論交友狀況或是找工作，都對父母言聽計從，終日將父母掛在嘴邊，只會令女友極其反感。

還有的男人整天混在人群裡，到處充當隨從角色，既沒有號召力，也沒有凝聚力，因此也無影響力。

男人有了獨立人格，才能安身立命，才能發展自我，也才能保護自己心愛的女友，讓女友放心地追隨你、歸屬你。

• 細心周到

細心周到的男人讓人覺得有長者風範，會像守護神一樣陪伴著女人。

他是生活型的男人，與他在一起，女人會受到悉心呵護，令女人備感幸福，這樣的男人有很好的女人緣。

他善於傾聽、樂於解答、和風細雨、溫情脈脈。他喜歡家庭生活，熱愛孩子，願意傾注心血教養子女；他顧全大局，懂得謙讓，忍耐力強，不強迫別人意志；他會做家務，勤快主動，一切經手的事情都能夠井井有條。

細心周到的男人極能討得女人的歡心，也許他不一定能成就什麼偉大的事業，但他會全心全意地愛家、愛老婆、愛孩子。

認識別具風情的「母老虎」

溫柔有似水之美，潑辣有野性之美，都是
女性的迷人魅力。潑辣也是女性的一種魅
力。

男人往往會將潑辣的女人比喻爲「母老虎」，碰上了母老虎，
內心就感到十分恐懼，好像潑辣與蠻不講理、刁鑽乖戾劃著等號。

其實，潑辣與溫柔並非水火不容，相反的，潑辣的女性對親
人、朋友、戀人、丈夫往往柔情似水，謙和恭敬。

天眞純樸的灑脫情致，粗獷熾烈的浪漫氣質，無拘無束的豪
放個性，百折不撓的頑強毅力，往往使潑辣的女人顯得更加可愛，
更有魅力。

有人說，潑辣會讓女人綻放光芒，而有損似水柔情的女性形
象。這是一種偏見，潑辣女性比較容易出人頭地，她們所取得的
成就，不僅爲潑辣女性編織花環，還爲理性美增添了新的魅力。

現在是我們矯正觀念，正確看待潑辣女性的時候了。

• 天資聰穎，思想敏銳

潑辣的女性一般智商較高，頭腦清醒，反應敏捷。也因此，
不論在學習過程還是工作中，她們都能成爲佼佼者而博得人們的
讚美和欽佩。

潑辣女性之所以潑辣，多半是因爲她們言出必行，拿得起、

放得下，手腳勤快，有不合理的地方馬上就動手改正，在學習或工作上勇於做出犧牲。

• 勇於競爭，上進心強

潑辣的女性往往自恃天分較高，因此有著敢於競爭，勇於進取的拼搏精神。

她們對自己的能力信心十足，因此，不論在物質生活方面還是在精神生活方面都執著追求，總是不甘落後。

• 愛潔如癖，乾淨俐落

潑辣的女性大都有講究衛生、愛乾淨的嗜好。她們居則要求整潔、明快；穿則要求入時、漂亮，令人賞心悅目。她們絕無那種讓人嫌惡的窩囊、邋遢的不良作風和習慣。

• 開朗大方，善於交際

潑辣女性以性格開朗、豪放著稱。因此，她們在接人待物方面落落大方、不俗氣，極少有那種小家子氣的畏縮，表現出較強的適應能力。

• 精打細算，持家有術

潑辣的女性大都稱得上是生活的行家。

她們在家庭建設、計劃開支、生活安排等諸多方面都善於動腦，發揮創意，目光長遠。她們會把家庭生活安排得井井有條，能博得人們的喜歡。

• 辦事果斷，自主性強

　　潑辣的女性一般自幼就得到了較多的肯定和鼓勵。因此，她們自主自立意識較強，很少會有依賴別人的想法。而且她們辦事較有主見，有膽識，乾脆俐落，具有巾幗不讓鬚眉氣概。

　　• 心直口快，質樸無華

　　潑辣的女性一般都有追求完美的個性，她們對不盡人意的事物，往往都是有話就說，快人快語，有時甚至還會得理不讓人，但這不正反映了她們質樸無華不做作的真性情嗎？

　　溫柔有似水之美，潑辣有野性之美，都是女性的迷人魅力。因此，男人應該以正確的觀念看待女性的潑辣，潑辣也是女性的一種魅力。

男人追求的是背後偉大的女人

會理財的女人總是懂得如何安排你們的收入與
支出，讓你始終不用為生活操心。她合理安排
要做的事，能承擔起各種義務，持好家理好財。

　　男人選擇什麼樣的女人做伴侶，不僅對家庭有很大影響，甚
至對男人的一生都有很大影響。

　　對於男人來說，娶一個好妻子，就等於他的家庭、事業成功
了一半，所以我們常說一個成功的男人背後，總會站著一位偉大
的女性。

　　一般而言，男人最希望娶的女人，就是那種讓男人放心而又
能夠從她們身上有所收穫的女人。

　　• 善解人意的女人

　　善解人意的女人細心、有洞察力，能從男人表露的一些跡象
思考問題。快樂時與男人一同分享，當男人有難言之隱時，她能
從他的舉手投足中發現蛛絲馬跡，並去勸慰他。

　　• 心地善良的女人

　　心地善良的女人始終把你當作一生中最好最親密的人，她不
僅對你如此，對鄰居、對你的同事也很平易近人。你的親朋好友、
同事們會稱頌她，因此對你也十分尊敬。

• 自然優美的女人

自然優美的女人不是那種花枝招展，四處招蜂引蝶的女人，這類型的女人不去追求奢侈的生活，但懂得把自己打扮得令人賞心悅目，得體的言行也會讓你心情愉悅。

• 樂觀自信的女人

樂觀自信的女人豁達開朗，她相信你會取得成功，相信你的膽識和才能。她不會因你的挫折就對你失望，也不會因你的成功而自喜。

• 聰慧的女人

這種女人不僅聰明而且賢慧，當你遇到難以決定的事情時，她可以提供你一系列參考意見。

她是你的助手，能開闊你的思路。

• 會理財的女人

會理財的女人總是懂得如何安排你們的收入與支出，讓你始終不用為生活操心。她合理安排要做的事，絕不會虎頭蛇尾，能承擔起各種義務，持好家理好財。

• 講究說話藝術的女人

講究說話藝術的女人能夠針對人物的特點交談，能為你營造良好的人際環境。

她也總能把你的意圖用巧妙的說話術告訴對方。

‧ 獨立性強的女人

　　獨立性強的女人善於判斷一件事的行與止，不會老纏著你就一些小事要你做出決斷。

　　她能獨立地工作、安排家務，她給你充足的時間去考慮個人的事。

‧ 有現代意識的女人

　　有現代意識的女人有著很強的適應性，具有敏銳的觀察力和思考能力，很容易接受新知識、不守舊。這類型的女人在思維方式，做人行事方面也是現代作風，總把你介紹給她的朋友、同事，把你融進一個更大的社交圈子裡。

不尊重女人，小心她甩頭走人

女人最需要的就是男人對她的尊重。女人希望男人視她為地位同等的人，尊重她的長處，容忍她的缺點，而且自己也願意以同樣的方式對待他。

渴望談戀愛的男人，往往會有這樣的疑問：「女人到底需要什麼？要怎樣才能打動她的心？」

有人說，女人需要的東西不外乎愛情、金錢、安全感；也有人說，女人需要美麗、時尚、自信、自尊、關愛、體貼以及甜言蜜語；還有人說，女人需要男人不斷地讚美，這種讚美的話能給女人鼓勵，讓她找到自信，進而使男女的愛情不斷得到滋潤。

其實，除了這些，重視感覺的女人也希望男人能夠尊重她們，不論是自己的工作、朋友還是家人，都希望能得到男人的重視。

我們不得不承認，重男輕女在東方人的觀念裡根深柢固，儘管目前這樣的現象已經逐漸改善了，但是仍有一些男人對女性有著偏見。這對女人來說，無疑是最難受的。

女人需要的是男人的體貼、愛護、讚美，但是在需要這些的同時，女人也需要男人對她的尊重。

女人希望男人視她為地位同等的人，尊重她的長處，容忍她的缺點，而且自己也願意以同樣的方式對待他。

但很多時候男人都過於自私，總會以自己的喜好和言行左右、

影響女人的生活，卻沒有想過女人是否情願，這對女人來說是不公平的。

《聖經》上說，當年上帝創造男人時，從男人的身上取下了一根肋骨做成了女人。女人被定義成了男人的附屬品，男人也一直被這個傳說深深鼓舞，並為自己身為男人而自豪。

但是實際上，女人並不像《聖經》中所說的那樣只能附屬於男人，女人的力量有時是男人無法比擬的。

現代女人透過不斷地努力，慢慢地在社會中展現著自己的價值，女人不甘心受男人的擺佈，不甘心只待在家中做個賢妻良母，嚮往著做男人可以做的事情。

想要獲得女人真心對待，男人就必須尊重女人的價值。

許多愛情之所以磨損或破裂，通常都是從不尊重對方開始，使得原本相愛的兩顆心距離變得遙遠。

心態決定你對愛情的期待，也決定愛情的好壞，男人應該多用點心，才能經營好屬於自己的愛情，要是你不尊重女人，可得小心她掉頭走人！

要把愛意表達出來

你必須把她對你的重要性透過行動和語言

表達出來，讓她知道你最在乎的是她，

你需要她，重視她，關心她，

如此一來你才能夠順利追到她。

要把愛意表達出來

你必須把她對你的重要性透過行動和語言表
達出來，讓她知道你最在乎的是她，你需要
她，重視她，關心她，如此一來你才能夠順
利追到她。

　　我們都知道，男人有強烈的價值感，需要向別人證明自己存
在的價值。女人一樣有價值感，渴望從你的言行中知道她對你有
很大的影響力。

　　遺憾的是，大多數男人根本不知道女人心裡到底有多麼需要
價值感，也無法理解女人對於價值感的「狂熱」追求究竟是為了
什麼。

　　其實，以客觀的角度來看，人都需要價值感。

　　女人也是人嘛，需要別人肯定，尤其在情感上，女人更需要
證明自己的重要性。

　　女人都希望自己受到男人重視和肯定，在心理上產生價值感、
滿足感，或者虛榮感，這樣她才會覺得自己活得有價值！

　　不過，很多男人卻容易忽略掉女人這種心理需求，尤其當男
人認為女人很有能力或很堅強時，就更容易忽略她的需要。可能
你還認為女人的自信和堅強是因為她不需要你如果真這樣想，恐
怕你就要犯錯了。

　　女人希望被重視，她也許不在乎你送給她的生日禮物值多少

錢，但絕對在乎你是不是記得這個日子；你也不一定非要爲她做某件事，但一定要讓她知道你關心她，並且時刻都惦記著她；女人不會直接告訴你明天是你們相識的週年紀念日，但如果你認爲她忘了這個日子或是它不重要，那就大錯特錯了。

女人的這種行爲模式，就是希望你能多和她溝通，多花點時間陪她，這樣才能夠讓她覺得自己在你心中是有價值的。

聰明的男人絕對不會對女人的需求不聞不問，或認爲女人沒事找事。你一定要知道，這是她們的天性使然。女人不喜歡粗心大意、刻板頑固，而且又不重視她們的男人。

如果你準備追求心目中的公主，最好能夠讓她在心理上產生價值感和被重視感，經常爲她創造生活情趣。比如爲她製造一點浪漫的氣氛，突然給她一個驚喜，或送一束鮮花到她的辦公室……等等，都會讓她感到你對她的重視。

浪漫是不需要理由的，但浪漫絕對可以產生良好的效果。

試想一下，如果你親自送一束花到她家中，或請快遞公司將花送到她的辦公室，讓她的同事和朋友們知道，她有一個很喜歡她、很浪漫的追求者，那麼她立刻就會成爲整個公司的焦點，這樣她多有面子呀！價值感自然也會油然而生，對你的感情自然也就大大升溫。

女人需要價值感，不論是已婚的還是未婚的，遺憾的是，男人卻往往吝於向女人表達重視和珍惜。

如果問男人這樣一個問題：「你怎樣向女人表達你對她的重視？」頭腦簡單的男人可能會用不可置信的口氣說：「我這麼愛她還不夠嗎？」

　　這就是男人錯誤的想法，認為只要繼續維持著目前的關係，就足以證明對她的愛和重視。

　　有的女人會經常這樣問男人：「你愛我嗎？」其實她只是期待男人給她一個肯定的回答，但大多數男人卻對此不屑一顧，「我不是在妳身邊了嗎？」

　　這並不是女人渴望的答案。女人只是希望聽到肯定的回答，並且知道自己在男人心目中有多重要，這才讓她們覺得安全。

　　實際上，男人們都該知道，女人需要的價值感並非只是建立或維持親密關係，你必須把她對你的重要性透過行動和語言表達出來，讓她知道你最在乎的是她，你需要她，重視她，關心她，如此一來你才能夠順利追到她。

女人的愛情夢，其實很容易懂

 女人總是活在自己編織的美夢裡，這些夢想還是與愛情有關，大部分的女人都是這樣的，只要了解她們的心思就容易把握。

做夢不是女人的專利，但卻是女人的強項。女人的「夢」千奇百怪，充滿了各式各樣離奇的幻想，這是重視邏輯的男人根本無法理解的事情。

對女人來說，或許可以沒有美好的生活，但卻萬萬不能沒有美好的夢想。即使現實是灰澀、陰暗、悲慘的，女人的夢想也會讓它在天性浪漫的頭腦裡，加上了粉紅的底色。

女人都渴望著自己的夢想實現，儘管很多是不切實際的空想，但即使是做白日夢，即使不夠現實，女人也偏愛夢遊狀態，並且執迷不悟深陷於其中。

愛情是女人的全部，所以女人的夢想與愛情無法分開。

女人內心深處渴望能早日遇到自己的「白馬王子」，兩個人情投意合，心心相印。然後女人會想像自己如何披上美麗的婚紗，與心愛的人一起走入婚姻的殿堂，與他白頭偕老，相依相伴到天長地久……

女人的夢想永遠都是這樣美麗和幸福，儘管並不是每個人都能夠擁有如此的幸運，但她們卻堅信這樣的事情鐵定會發生在自

己身上。

如果要求她們現實一點，那她們退而求其次，祈求有個人真心愛自己，給她們一片無風無雨的天空，給她們一個可以忠實依靠的寬大肩膀。

當然，要有物質的支持才能擔當這麼重大的職責，比如有一幢豪宅，有一輛香車，車裡擺滿了嬌艷欲滴的玫瑰，這樣才配得上美人嘛。

女人總是活在自己編織的美夢裡，夢裡的愛情、夢裡的美麗、夢裡的鮮花、夢裡的財富、夢裡的別墅、夢中的明天……當然，更缺少不了夢裡的主角——白馬王子。

女人的生活因為夢的存在而充滿生機和豐富多彩，女人也因夢的浪漫而擁有了美麗。

其實，女人的夢裡大都屬於愛什麼就燦爛什麼，恨什麼就恐怖什麼的自我情緒發洩，但夢對於女人來說，一點也無損於她們「統治」這個世界的能力與信心。

換言之，女人的夢只有極小一部分是用來「軟化自己」的，大部分是為了支配男人所做的夢。

「女人心海底針」這句話在一定程度上來說還是有道理的，它也最能透析女人為什麼常常在男人面前表現出那種似夢非夢、似幻非幻的嬌癡。

如果你想對美眉展開攻勢，就必須了解一點，女人還沒戀愛的時候，每天做一個美夢過過癮就心滿意足了。一旦不小心開始了戀愛，那麼她的夢很快就會成了等比級數，開始鋪天蓋地讓那「幸福」的男人隨時準備暈過去。

當然，如果夢與現實相距太遠，註定只能擁有平凡的生活，那麼女人的夢想也會逐漸接近實際生活。

不過，這些夢想還是與愛情有關，比如希望能遇上一個至少不覺得討厭的人，起碼體格勻稱，有一點小小的幽默，不要聽不懂自己的笑話；能夠在自己累的時候，願意奉獻一副肩膀讓她依靠；能夠在自己哭的時候，無償地提供手帕。只要你有這些優點，你還是可以和心儀的對象擦出愛情的火花。

大部分的女人都是這樣的，只要了解她們的心思就容易把握。

男人可能無法理解女人的這種想法，但應該接受女人的這種心理，這是女人的天性。

正因為有了夢想，才讓女人的生活變得浪漫而豐富多彩，女人的愛情夢其實很容易懂，就像有一首老歌一樣：「你說女人天生愛做夢，說不清千萬種，別說我的眼淚你不懂，情在無言中；你說女人天生愛做夢，好像那春夏秋冬，女人的心情你該知道，其實最容易懂……」

女人的內心都有「影子情人」

如果你追求的是一個喜愛做夢的女人，你將會慢慢發現，她會讓你平淡無奇的生活充滿了色彩和浪漫。

女人總是幻想著一見鍾情，不論任何時候，都會覺得自己能夠遇到一見鍾情式的愛情，並且還對對方做出各式各樣不切實際的幻想。

我的朋友Ｍ就喜歡這種憧憬：「踏著細碎的月光，我走在霧濛濛的海邊，突然與一個陌生的男子不期而遇。在驚異的一剎那，我是那樣地被他深深吸引，而我們的目光在交會的瞬間，便深深地鎖進彼此的眼眸裡，我們的心進入了一個別人無法探知的世界……」

別以為Ｍ言情小說看多了，女人就是這樣善於想像。當然，有時候男人也一樣會對異性做出種種幻想，但他們的表現方式不同於女人。女人尋找的是「白馬王子」，以及可能存在的浪漫、理想化的情境。

也正因為這樣，許多女人最終雖然尋到了愛情，卻也成了愛情與浪漫的俘虜，有些女人甚至終其一生都沉醉在浪漫故事所帶給她們的無盡追念之中。

對於女人來說，愛情是把神奇的火，可以讓人創造奇蹟，但

也會令人盲目。而且，過於脫離實際的天空行空幻想，超乎現實的理想化，也往往會使愛情失去真正的生活色彩。

如果你問一個女人，她夢想中的男人是什麼樣的，她一定會滿臉幻想的神色：「這個……他最好具備某某影星的男性氣質，某某歌手的瀟灑風度，而且事業上要有成就，要忠於家庭，要有責任感，更重要的一點是，他在遇到我的那一刻對我說，我是他企盼一生的女人。」

你是否覺得不可思議，天底下哪有這種十全十美的男人？實際上，女人真的會這樣想。雖然很多女人並沒有如此明確地表示出來，但這並不代表她們沒有這個念頭。

在絕大多數未婚女人的心目中，都珍藏著自己如意郎君的形象，這是無可非議的。男人不也一樣嗎？心中也有自己完美女神的形象。然而關鍵問題是，男人大都想想罷了，許多女人在選擇對象時，卻會絲毫不差地按照自己心目中的形象去「索驥」。

她們是在追尋一個完美的化身，這就如同天方夜譚一樣遙不可及了。儘管她們也知道世界上不可能有這樣的人存在，但她們卻仍然對此深信不疑，認為自己有一天終究會找到夢中的男人，有的女人甚至會堅持非找到這個人，並佔據他的心才肯罷休。

這也讓很多女人吃了不少虧，她們可能一直在尋尋覓覓，接觸一個又一個男人，卻總覺得不符合自己心中的形象，不是氣質不佳，就是形象不好；不是能力不夠，就是缺少幽默……

實際上，女人之所以這樣執著地尋找完美的男人，是因為在她們的心目中，有一個「影子情人」，這「影子情人」就是她們心目中的擇偶的標準。

她們面對追求者，就常常把眼前的對象和「影子情人」進行

比較，如果稍有一點不合適，便覺得不夠完美，不是自己想要的男人。

聰明的男人都非常明白，女人把自己和理想中的戀人形象進行的是不適當的比較，而且她們也美化了理想中的戀人形象，但女人的這種幻想卻又是真真切切地存在於她的腦海裡的，想要展開攻勢就只有兩個途徑，一是徹底改變她的幻想，二是暫時改變自己的形象。

女人天生就被認為是弱者，這使她們的生命變得很壓抑，而且，繁重的工作有時候又讓她們變得厭倦和不安。為了補償在生活中的某種失落和不甘，女人縱容自己徜徉在或憂鬱、或滿意、或異想天開的夢幻情境裡面，甚至做一些羅曼蒂克的白日夢。

女人就是這樣一種情感動物，會將夢當作現實的延續，就像孩子是人類的未來一樣，使人看到希望，得到支持與鼓勵。但有時候，夢也是她們逃避現實的一種表現，因為現實在很多方面存在著無奈的限制與約束，夢便裝飾了她們的心情，擦亮了黯然無光的心靈。

接受喜愛做夢的女人吧，不論怎麼說，美夢總讓人感到興奮。如果你追求的是一個喜愛做夢的女人，你將會慢慢發現，她會讓你平淡無奇的生活充滿了色彩和浪漫，也讓你每天都能夠感到與夢中的美好生活更近一點，相信這對你來說並不是什麼壞事。

尊重她身邊的那些人

想讓美眉芳心大悅，在尊重她的同時也必須尊重她的朋友。即使你很不喜歡她的朋友，也切記絕對不要在她面前詆毀，這會讓你吃不完兜著走。

男人似乎很少注意女人的友誼問題，較常關注的，往往都是女人的愛情。但實際上，女人是需要友誼和朋友的，除了談情說愛之外，還需要騰出時間與自己的朋友約會、逛街、喝咖啡……

對友情的依賴是女人生活和情感中的一部分，它與兩性關係的依賴需要並不相同。她們不會僅有一個朋友，而是有很多朋友，與不同朋友的親密程度也不同，對不同的朋友有不同的需要，又會與不同的朋友分享不同的樂趣。

不要以為女人的友誼無足輕重，如果你想讓美眉芳心大悅，必須注意的是在尊重她的同時也必須尊重她的朋友。

不知道你有沒有過這樣的經歷，當你的女朋友興高采烈地要求你和她一起去參加她與朋友們的聚會或其他活動時，如果你直接拒絕了，她一定會表現得相當不高興：「你是不是看不起我的朋友？」

即使你根本沒這種意思，也有理說不清。其實，這正是女人對你對待她朋友的態度表示不滿。

聰明的男人是不會直接拒絕的。其實，女人要你一起去見她

的朋友，正是對你的重視和信任，並且希望得到你的尊重和肯定。沒有一個女人會帶一個自己毫無好感、毫不信任的男人去參加朋友聚會。

　　當然，如果你真的有事，無法陪女朋友去參加聚會，也要委婉地跟她解釋清楚：「我真的很想見見妳的朋友，但真對不起，我今天真的有事，下次我一定和妳一起去。」請求她的諒解，相信女人並不是那麼不通情理的，她只是希望你肯定和重視她和她的朋友。

　　即使你很不喜歡她的朋友，也切記絕對不要在她面前詆毀，這會讓你吃不完兜著走。女人看待朋友的方式和眼光與男人截然不同，她的朋友也許沒她想的那麼好，也可能不會給她的工作帶來任何幫助，但她們就是聊得來。

　　有時，男人會摸不著頭緒地批評：「她究竟有什麼好的？妳看她審美眼光多差勁，說話多沒水準！」你又犯錯誤了。女人的朋友，不一定要有什麼水準，她們是朋友，可能只是因為有某種共同的時尚品味，這點足夠讓她與對方成為朋友了。所以，千萬別用男人的眼光來界定女人交朋友的特點。

　　聰明的男人會給予女人交友方面的自由，並且懂得與女人一起去看待她朋友的某些優點，尊重她的朋友。實際上，尊重她的朋友，也就是尊重她本人，女人會對你的這些表現非常滿意的。

　　除此之外，在追求的過程中，你也必須尊重她的人。

　　聽起來這似乎有點像廢話，「我怎麼會不尊重她的家人呢？」但的確有些男人做不到這一點。

　　不論她已經成了你的「老婆」，還是你們尚處於戀愛階段，

雙方的家人都在你們的關係中扮演著重要角色。如果你得到她家人的認可和肯定，那恭喜你，一切順利 OK；如果她的家人不太喜歡你，這對你來說可就是一個挑戰了。

如果你是非常幸運的男人，可能會在登門拜訪她的父母之時，看到友愛的眼神。要是你不走運，當你戰戰兢兢地踏入她的家門之時，很可能看到的是她家人眼中寫滿了不歡迎，彷彿你是討債公司派來的，而你的女友或者正興奮不已，對此一無所知。

此時，你可千萬要保持男人應有的理智，別還傻乎乎地認為你愛她，她的母親也愛她，所以你和她的家人應該能夠相親相愛。

事實上，這是沒有任何邏輯關係的。

同時，不要一廂情願地認為她能夠明白這個道理，如果你真遇到過這樣的情況，聰明的做法並不是試圖跟她講清楚什麼道理，或者乾脆就在她面前詆毀她的家人，對她的家人表示出不尊重。

如果這樣，很可能會傷害到她的感情，別忘了，女人是感性動物，她很可能因為你對她家人一句不好的評價而對你大打折扣，認為你不夠愛她，心胸不夠寬闊，或者不孝順等等。

如果她問起來，你就真誠地告訴她，你喜歡和她家人共度的時光。以後也必須儘量用友好的態度對待她的家人，找機會多和她的家人溝通，讓他們多了解你的優點和長處，並且不忘落實到行動上，沒事多說好話，多送禮，避免因為家人而發生衝突。

如果她的家人因此而接受了你，相信你得到的好處要遠遠多於他們，因為他們得到的只是「半子」，你得到的是一個老婆！

想追女性，先了解她們的天性

 不要認為男人接受女人的同情和憐憫是很沒面子的事，女人同情你是因為她在乎你，否則她為什麼要浪費自己那麼多感情？

　　一般而言，女人情感細膩、柔軟，讓男人難以捉摸，猜不透她們的心思。但是，無論什麼樣的女人，內心深處都是豐富多彩的，需要男人發揮耐心來發現她，讀懂她。

　　想追求女性，就得先了解她們的天性。女人天生就富有同情心，喜歡幫助別人，尤其是幫助弱者。也正因為這樣，她們才更顯得美麗和可愛。

　　女人經常動情、心腸柔軟，主要是由於她們比男人更容易產生「移情」作用。

　　所謂「移情」，是指一個人能夠感受他人正在感受著的情緒，也就是將自己置身於他人的情緒空間之中。

　　這樣說是有科學依據的，心理學家就曾經研究過女人的這種心理，認為女性很容易產生「移情」作用，這種「移情」作用與她們習慣設身處地、感同身受地考慮他人的境遇有關。甚至在新生兒的研究中也發現，女嬰在聽到其他嬰兒的哭聲錄音時，也會以號啕大哭來應和。

　　我們不難見到，一對男女一起看一場感人的電影，男人可能

只是覺得心裡有些感動而已，但身邊的女人可能已經哭得梨花帶淚了，而且嘴裡還可能不斷地嘟囔著：「太可憐了！太不幸了！」

女人幾乎都有一副柔軟的心腸，尤其是在照顧幼小、同情弱者方面，同情心會表現得更爲突出。

女人禁不起別人的哀求，見不得過於悲慘的場面。因此，女性的溫柔多情和男人的「冷酷無情」形成了鮮明的對比，也更顯示出了女性的魅力。

在感情上，男人和女人表現出的性別差異也是相當明顯的，尤其是天眞浪漫的少女們，通常同情心會表現得更爲突出。

一般來說，女人比男人情感細膩，也比男人更易於流露感情，因而顯得心腸柔軟。同情心豐沛的女人，更會不自覺地產生幫助他人的行爲。

因此，如果你的女朋友追求的對象很有同情心，喜歡幫助弱者，那眞要恭喜你。這表示她很善良，在你遇到困難或挫折時，完全不用擔心她會離你遠去。她一定會盡她最大的努力幫助你度過難關。

不要認爲男人接受女人的同情和憐憫是很沒面子的事，女人同情你是因爲她在乎你，否則她爲什麼要浪費自己那麼多感情？男性朋友們，希望你們能夠明白這一點。

女人希望在工作上獲得肯定

對心儀的女孩表達心意，也可以從她的工作
入手，多給予一些讚美和肯定，讓她感到自
己的價值感，好運氣就會降臨到你的頭上！

別以為只有男人才需要在工作中證明自己的價值，女人同樣
也需要，甚至需要的程度一點也不比男人低。

如今你想恭維一位女性，千萬別說她是賢妻良母，因為這樣
她可能會覺得你認為她無用和落伍。

現在的女人掌握的籌碼越來越多，她們大多接受過較高的文
化教育，有自己的事業，有思想，有見解，也有生活情趣……因
此常常這樣問自己：為什麼我不能追求成功，在工作中實現自己
的人生價值？

在工作中，女人都有「被肯定的欲求」，希望自己在別人眼
裡是不可或缺的，需要受到上司、同事以及下屬的重視和認可。
為了實現這個價值，她們常常會在工作中投入很大的精力，並努
力將自己的優勢在工作中發揮得淋漓盡致，以此證明自己的價值。

還有一些女人，在工作中會經常借助於幫助別人來證明自己，
將別人無法完成的工作竭盡所能地完成。

有時並沒有人需要她們幫忙，而是她們自願的，這也是她們
滿足自己價值感的一種方式。

但是，女人在工作中證明自己的價值，並不是說她們就一定想成爲女強人。

實際上，女人在工作中的價值需要，有時候只是她們欠缺自信的一種表現，很怕其他人說自己只是一個女人，沒有什麼本事。這種評價讓她們感到非常不安，無法接受，因此才會希望在工作中發現自己的價值，證明自己的價值，贏得別人的讚美。

所以，如果你打算親近某位女性，千萬不要因爲她在工作中的出色表現，而對她敬而遠之，這樣你很可能會失去大好機會。

辛勤工作的女人，不僅會爲自己的工作成績得到肯定而感到高興，也會爲在工作中受到幫助的人的感謝和讚美而高興，她會覺得自己存在的價值得到了確認，對自己也有了更多的自信。

當然，女人們在渴望受到重視和承認時，如果沒有直接的證據證明她存在的價值，也有不甘的失落感。

女人都喜歡拘泥在「證據」裡。比如你在與女朋友相處時，可能她會這樣問你：「你說你愛我，那麼證據在哪裡？」「假如你眞的關心我，讓我看看你的證據！」

女人就是這樣，總是希望可以得到證據和保證，說穿了，這也是她們欠缺自信的心理在作怪。

一般來說，男人對抽象的東西也會感到滿足，但女人卻只侷限在有形的、各種感官知覺感受得到的形式上。比如在約會時，如果男人不抱抱她的肩或拉拉她的手，她就要懷疑他是否已經不愛她了，甚至因此還鬧著要分手。

在工作中也差不多，女人的工作如果得不到別人的肯定，就會感到很失落，即使她做得已經很好了，依然覺得不滿足，沒有成就感和價值感。

女人希望男人重視她們的工作，就像重視自己的工作一樣。追求女性的時候，每次談論到她的工作，你最好能夠豎著耳朵細聽，在這方面有良好的互動，她對你的好感就會倍增，你們之間的感情也會越來越深厚。

如果你正打算對心儀的女孩表達心意，也可以從她的工作入手，先了解她的工作性質，然後在約會時選對時機對她的工作表現出興趣，並與她交流一下工作中的心得，同時不要忘了多給予她的工作一些讚美和肯定，讓她感到自己在工作中的價值感，相信不久之後，好運氣就會降臨到你的頭上！

不要忽視女人的意志

當一個女人意志過於堅強的時候，會為了愛情而不顧一切，但是，一旦被愛情背叛，她們也會用大理石般冷硬的態度來面對，再也不會被愛情迷惑。

在我們周圍，富有同情心，喜歡幫助別人的人往往都是女性，尤其是鄰居或同事家遇到麻煩事時，女人總會熱心地伸出援手，做一些力所能及的工作。在公司裡，也常常是女職員比較願意幫助別人。

女人的這種行為，大多是出於天性，也很受到周圍需要幫助的人的歡迎。

有個名主持人就認為，最受歡迎的女人就是富有愛心的女人。他說：「男人的最高境界是從容，女人的最高品質就是善良。女人如果做了很尖刻的事，無論她多麼漂亮，看起來也不可愛；相反的，如果一個女人做了很多好事，身上就會閃著美麗的光環，讓她看起來格外美麗。」

但是，有時候你也會發現，儘管女人的同情心理比較強，她們喜歡幫助別人，但也不完全是真的打從心底喜愛幫助別人。

有時，她們只是為了滿足自己內心的快樂，或者說是希望得到別人的重視，害怕被別人疏遠。

當然，也許她根本就沒有意識到這麼多，只是因為自己內心

的不確定和不自信，或者不安，怕別人忽視了她的存在，但當她在為別人做了這些以後，聽到別人對她的讚美和感激，內心會感到被別人承認，因此找到了自信。

談到女人，總讓人忍不住將她們與溫柔、善良、富有愛心等聯想在一起。儘管大多數女人都有同情心和愛心，但有些女人卻有著冰冷而堅強的意志，而且這種意志，有時候恐怕連男人都望塵莫及。

當然，這種意志在某種程度上來說是好的。女人如果沒有意志力，那麼就會軟弱得不堪一擊，無法承受生活中的任何一點點小挫折，也會被同性和異性瞧不起。

可是，當一個女人意志過於堅強的時候，男人也會感到害怕，在她面前會有如履薄冰的感覺。

人們常說：「男人是透過征服世界來征服女人芳心，而女人則是透過征服男人而征服世界。」

這是無可厚非的，不妨想想，如果一個女人想自己闖出一番事業，打下一片屬於自己的天地，那麼她就得徹底武裝自己，抑制自己的感情。因為，她要面對男人的世界，與男人競爭世界，掠奪天下。

這樣的女人，肯定要承受很多磨難，遭受痛苦委屈，也必須強忍著不讓眼淚掉下來。這樣的女人一隻腳踏在天堂裡，而一隻腳卻陷在地獄中。

女人要想真正擁有一番屬於自己的事業非常不容易，得面對整個男人的世界，得將情感的纖維從自己身上一絲一絲地剔除。凡是女人具有的弱點，即使很多在本質上都是優點，只要是前進

路上的絆腳石，都必須毫不留情地踢開。這要付出多大的代價，才能來面對這些挑戰與考驗啊！

這種女人的意志不僅表現在她的事業上，在愛情的世界裡也同樣如此。

她們會爲了愛情而不顧一切，但是，一旦被愛情背叛，她們也會用大理石般冷硬的態度來面對，再也不會被愛情迷惑。

千萬要記住，女人選擇男人的時候，除了愛不愛他是衡量標準之外，還要考慮兩個重要因素，那就是他是否適合自己，他是否誠實。

打動女人心的基本攻略

最佳技巧是先接近她周圍的人。

其實每個人都很樂意炫耀自己知道的東西，

只要先打進她朋友的圈子，

買點零食賄賂賄賂她們，肯定得來全不費功夫。

打動女人心的基本攻略

最佳技巧是先接近她周圍的人。其實每個人都很樂意炫耀自己知道的東西，只要先打進她朋友的圈子，買點零食賄賂賄賂她們，肯定得來全不費功夫。

暗戀是一種美麗的情懷，也是一份浪漫的傷痛。

當你在那條路上像憂鬱的哲學家一樣反反覆覆地走來走去，只為了能假裝不經意地、偷偷地看她一眼，只要一切是為了她，哪怕她並不在意，你的心裡也會有那麼一絲青春感傷的甜蜜。

當你暗戀她時，該如何攻進她的心，讓她知道你的存在呢？

• 知己知彼

寫情書已經太老套，而且一旦被對方公開出來當笑柄就太沒面子了，你很可能這一輩子都會為這件事臉紅。

所以，第一要做到「知己知彼」。你要像忍者一樣無聲無息地潛伏在她身旁，透過觀察、旁敲側擊來打探清楚她的情況，比如最基本的是她到底有沒有男朋友，她愛到哪個餐廳吃飯，最愛吃些什麼。

最佳技巧是先接近她周圍的人。其實每個人都很樂意炫耀自己知道的東西，只要先打進她朋友的圈子，買點零食賄賂賄賂她們，肯定得來全不費功夫。

• 創造機會

現在你要化暗為明，找個機會在她面前出現。當然，如果你已打入她的朋友的圈子，認識她就只是遲早的事。

千萬記住，當你套取情報時千萬不要讓別人起疑心，否則朋友們的取笑反而會讓她退避三舍。

另外當然還有很多種情境，讓你可以自然地出現在她面前：你去她常去的餐廳裡用餐，恰巧與她同桌，剛好也把胡椒粉撒進咖啡裡；你上圖書館，坐她對面，手裡捧著一本跟她一模一樣的書；或者偷偷苦練投籃本領，然後在她經過籃球場時，連投進好幾球……。

以上各種方法都能為你製造更多與她接觸的機會。

• 設計話題

認識了以後最重要的關鍵就是談話，不能「此時無聲勝有聲」地大眼對小眼，就算真的沒話說，也要絞盡腦汁找話聊。

憑你先前收集的情報，找些共同感興趣的話題，聊上一兩個鐘頭應該不難，聊到投機時便作勢欲罷不能地說：「不如一起去喝杯咖啡？我請客！」如果已經在喝咖啡，那就接著去河堤散步。

謹記話題範疇：宜泛不宜深，宜輕不宜重，最好為下次見面留下伏筆。

• 進退自如

經過這一回合，你對她總算有個大致的瞭解了。如果不幸發現對方不是你要追尋的人，那你就解脫了，再也不用「為伊消得人憔悴」。

如果不幸發現她正是你「眾裡尋他千百度」的人，那你就只

得繼續淪陷了，多情總被無情惱，你要開始長吁短嘆忽淚忽笑地過日子了。

這時，你千萬不要洩露自己的心事，更不能昭告天下，你可以旁敲側擊問她欣賞什麼類型的異性，如果她說的條件與你八竿子打不著關係，那你就不如死了這條心吧。

其實，若是兩心相知，一切都會水到渠成，就如風過雲流、春來花發，不必費盡心機，便有完滿的結局。否則，就算嘔心瀝血，最後也只能是長歎「隔花蔭人遠天涯近」。請謹記求愛守則：勝不驕，敗不餒。要學會進退有方，進退自如，別只因為一次失敗而傷心，就此拒絕了一生的幸福。

女人的人生四季，需要男人相伴

優秀的男人在女人的生命中，也應該青春純真如春之子，熾熱狂放如夏之情，深沉內斂如秋之愛，理性冷靜如冬之父。

女人的一生中會遇到很多男人，最先接觸的就是父親，然後是兄弟、同學、男朋友、男性朋友、丈夫、兒子。

那麼，女人一生中究竟需要幾個男人呢？

有人非常浪漫地將男人比成一年的四個季節，使春、夏、秋、冬的男人，在女人生命中扮演不同的角色，這樣也就使有季節感的男人，在女人眼裡和生命裡變得鮮活豐富起來。

● 春天型男

春天型的男人在女人眼裡是她的兒子。

春天型的男人像甫抽芽的小草一樣，剛剛從冰封的土裡冒出，歡喜雀躍地閃耀在明媚的陽光下，他們可以踢踢足球、放放風箏、玩玩捉迷藏……充滿稚嫩的陽剛之氣。

當女人的母性濃郁的時候，她們就需要春天型的男人在她們身邊，可以不時摸摸他的頭，為他拍去衣服上的泥土。

女人輕言細語安慰孩子般地安慰他，和風拂面的溫柔讓春天型的男人安寧沉靜，同時也滿足於女人給予他的母愛。

• 夏天型男

夏天型的男人是女人的情人。

夏天的旋律緊張急促，芊芊細草在夏天滋長成密密的草原，淡淡的嫩綠也凝成深黛色，輕飛漫舞的蝴蝶換成樹林裡蟬兒的喧叫，火辣辣的太陽烘照大地。

夏天型的男人熱烈狂放，情感熾熱外露，他的情是沉睡千年的火山，一旦觸發，赤紅的岩漿迸發，便燒灼著女人的心，點燃著女人的慾。

女人在情人的懷抱中春心蕩漾，盡情地展露著女人嬌柔嫵媚的迷人容顏，誰都不能否認，女人在此刻是最美、最動人的。

• 秋天型男

經歷過融融春日、乾熱的夏天，女人的情感也在悄悄地發生著變化。

當秋風颯颯、西風輕送、秋浪滾滾，步入收穫的季節時，綿綿的秋雨滴落在男人的胸懷，洗去春的淺薄、夏的浮躁，秋天型的男人像長成了的參天大樹，讓女人在他的蔭蔽下休憩。

於是夏日轟轟烈烈的男人開始變得深沉，他的愛也如緩緩而動的涓涓溪流，平靜的溪水下是潛流暗湧，愛就深藏在男人的內心。秋天型的男人目光深邃，與女人的眼神交會，女人更多了幾絲眷戀。

• 冬天型男

當風雨交織，陰風怒吼，大片大片的雪花鋪天蓋地而來之時，皚皚的白雪封蓋了一切，此時，冬天型的男人就是女人生命中的嚴父。

女人的人生旅途不能缺少冬天型的男人，當她如迷途羔羊般在歧路徘徊，冬天型的男人會橫眉冷對，理智地告誡迷茫中的女人揮刀斷斬。

女人在冬天型的男人面前，多了一份尊重與崇敬，也由此練就了一份堅強與理性。

女人的一生中，希望能有這些男人做為朋友，而優秀的男人在女人的生命中，也應該青春純真如春之子，熾熱狂放如夏之情，深沉內斂如秋之愛，理性冷靜如冬之父。

這麼看來，似乎覺得女人是貪心的，卻也是女人內心深處最深切的渴望。走過人生四季的女人，都需要四種男人相依相伴，相惜到老。

女人酒後哭泣，也許別有心機

 男人如果不能識破女人酒後淚水背後的謊言，
對她提出的任何要求都答應，那麼再怎麼擅長
花言巧語的男人也很容易被女人牽著鼻子走。

　　女人經常掉眼淚，有人說：「女人和眼淚是分不開的。」還
有人說：「女人流淚是因為女人是水做的。」

　　與女人喝酒的時候，女人也會常常流淚，並乘機跟你大訴苦
水，說上司總是批評她，說男友交了其他女朋友不愛她了，或者
其他的什麼原因，總之，往往藉著酒勁哭得一塌糊塗。

　　這時候，你的同情心和憐香惜玉的心理一定會發揮作用，看
到女人哭得這麼難過，便手足無措，真的希望可以幫助她。

　　很多男人的真心話是：「唉呀！我最怕看見女人的眼淚，女
人一哭，我就不知該怎麼辦才好。」

　　這也難怪，流眼淚的女人的確會讓男人心疼，而醉酒又掉眼
淚的女人更會讓男人有這樣的印象：她在「藉酒消愁」，她的內
心一定非常難過，所以才會喝酒，才會淚流滿面。

　　我們也不能否認，女人酒後流眼淚和吐真言，的確是因為她
有難過的心事。但是，在很多時候，女人這樣做卻是為了籠絡人
心，博得其他人的同情。在這種情況下，如果你被她的眼淚和「真
言」打動，那麼恐怕就要對她提出的要求讓步了，即使她又提出

五項要求，你都可能會答應她十項。

那麼，女人酒後流淚都是因為悲傷嗎？真的是因為她們心裡感到難過嗎？

也許有這樣的情況。但有時候也不完全是這樣。

女人在被上司批評時，或是被人誤解的時候，或者與男友吵架時，她們大多很快就會哭出來。

即使看了感人的電視劇，她們也會馬上哭得泣不成聲，但是通常不會持續太久，很快地，她們就會破涕為笑了。

這樣的女人還好理解，她們的想法比較單純，情感表達和發洩也比較直接。但有一些女人往往希望透過眼淚達到自己的目的，特別是酒後的女人。

因為她認為如果她直接對你提出要求，或者對你大吐苦水，你應該不會幫助她，或者你的同情心理也沒有那麼強烈。然而，一旦她在酒後對你說同樣的話，可能效果就不一樣了，男人可能會覺得她一定是受到很深的傷害，才這樣藉酒消愁，才會這麼難過，於是同情心理大大增強，也就達到了女人希望的目的。

女人的這個特性與小孩子有些相似，當然，小孩子的哭泣多半是出於本能，剩餘的才是經驗，因為他們知道，哭泣可以得到大人的寬恕，達到自己的目的。因此，孩子們往往帶著這種企圖而哇哇大哭。

女人也是這麼想的，她們知道男人無法抗拒女人的淚水，更無法抗拒酒後女人的淚水，只要自己一哭泣，目的就會達到，要求就能得到滿足。從這點來看，眼淚真的是女人制服男人的最有效的「情緒武器」。

男人如果不能識破女人酒後淚水背後的謊言，只想哄她停止哭泣，對她百依百順，對她提出的任何要求都答應，那麼再怎麼擅長花言巧語的男人也很容易被女人牽著鼻子走。

你一定有這樣的體會，一旦買玩具給哭鬧的小孩，不久後他的胃口就會越來越大，要買更多的玩具才能滿足。

女人也差不多，往往也是得寸進尺的。

當然，不是所有喝酒哭泣的女人都抱著不單純的目的，女人也會真的藉酒消愁，經常在酒吧裡喝酒的女人，也許真的是在尋求一時的發洩或解脫。但這樣的女人是不會在別人面前大肆宣揚自己的痛苦的，她們只會默默地躲在角落裡，藉著酒精的麻醉獨自流淚，獨自悲傷。

根據以上的分析，女人酒後在男人面前痛哭，很大一部分都有說謊或博得同情的因素存在。

如果遇到了這樣的女人，一定要弄清楚她是否真的只是在對你吐吐苦水而已，還是有其他的目的。不要隨便就答應她的要求，只要說些漂亮話，給予她一些語言上的安慰也就夠了。

當然，最好的辦法還是保持沉默，如果女人真的只是對你傾吐心事而已，是不需要徵求你的意見的，只要傾聽就夠了。

如果她是另有目的，你的沉默就能裝作沒有領會她的意思，將她的要求搪塞過去，以免自己胡亂答應了她的要求，最後反而受制於她。

女人需要純友誼，男人別動歪腦筋

 男女之間還是可以有單純的友情的，只要雙方都能夠不生歪念，女人希望能夠擁有這樣的友誼，與男性朋友在一起，如果交往得當，女人也會覺得比較放鬆。

女人的快樂來自於男人，我們可以毫不猶豫地這樣說。

女人在與男人交往時，常常會懷著各種複雜的心情，但是有一點絕對不會變，那就是女人絕不會將男人視為敵人。

人類分為男人和女人兩種，在相互交往過程中，自然也離不開這兩種人。但是，不論男人還是女人，都不可能只和同性交往，而不和異性互動，因此異性間的友誼也便開始出現。

著名作家梁曉聲曾說：「一個好男人的一百個男朋友，也沒有一個好女人好；一個女人的一百個女朋友，也不足以替代一個好男人。」

男女有別，所以男女之間的溝通和交往，能夠讓彼此獲得更多的益處。女人可以讓男人學會溫柔體貼；男人可以使女人變得樂觀大方。而這一切，僅僅靠戀愛、婚姻、家庭是遠遠不夠的，於是異性知己應運而生。

更苛刻一點說，女人和女人之間能夠真正做朋友的很少，女人的朋友是男人，女人和男人之間的友誼如果經營得宜，可以做到親密無間、無拘無束，甚至可以天長地久。

　　實際上，異性交往不一定非得要談戀愛，單純的友誼一樣有發展的可能。對於女人來說，除了希望擁有一個情人或丈夫以外，還希望有更多的異性朋友，以代替父親、兄弟、丈夫和其他長輩的角色，可以幫助她解決難題，分擔苦惱，並且沒有情慾或權利義務的糾纏，這種感情關係是令人憧憬的。

　　不過，男人似乎很少有這樣的想法，即使有，面對異性的時候，也難免會產生某些情慾的念頭。一旦對方以誠意付出友情，便以為是對方給予自己暗示，於是放膽行動。

　　其實，男女之間還是可以有單純的友情的，只要雙方都不生歪念，完全可以相安無事，一起逛街聊天，或者看場電影，就如同一般朋友之間的關係，是很普通的交誼。

　　女人希望能夠擁有這樣的友誼，不僅可以開闊她們的視野，有時候還可以幫助她們解決一些自己無法解決的情感問題。而且，男性朋友不像女性朋友那麼小氣又愛斤斤計較，他們通常比較大度，也能夠容忍女人的任性。與男性朋友在一起，如果交往得當，女人也會覺得比較放鬆。

　　但女人與女人之間能否結成真正的朋友呢？

　　這似乎是個比較難以回答的問題。當然，如果靠相互的真誠和坦白努力爭取，女人之間也是會有真正的友誼的。

　　有了那種喁喁細語、如膠似漆、親密無間的女朋友，會在女人受到委屈、誤解和傷心時，耐心地傾聽女人的苦惱，給女人同性的安慰；在女人遇到困難、需要幫助時，也會無私地伸出援手。

　　女人若是交了這樣的女性朋友，真是應該好好珍惜。

　　然而，生活中想要交到如此相知的女友，對女人來說確實不是件易事。女人被女人的小氣、狹隘所苦，女人的小心眼在交女

朋友上最為明顯，必須處處小心翼翼地維持自己的心理平衡。

　　如果她們之間有著相同的身世，或地位和處境比較相似，相處起來也許會比較輕鬆，但如果其中一方的交際和處事能力比另一方強，那麼比較弱一點的那個就會失去平衡，就會想盡辦法在其他方面取得優勢，平衡彼此間的落差。同時心裡也會開始感到不滿，兩人之間的交往也不再無私單純。

　　女人會嫉妒成功的女人，但不會嫉妒成功的男人。如果一個女人能做到內心嫉妒而表面沉默就算是好朋友了，女人之間難得有天長地久的友誼，當一方改變了生活環境或社會地位，她們之間很快就會疏遠起來。

　　女人和男人通常不會出現這類情況，除非是涉及的相互利益太多。

　　不過，女人很天真，她們會以自己的心懷衡量男人的氣量，以為自己抱著純潔的思想，付出純潔的友誼，男人也應該會如此。

　　當然，我們不否認其中一些女人可以交到好的男性朋友，但是女人最好還是不要隨便相信男人能夠毫無其他遐想。

　　這點就需要男性朋友檢討一下自己，在面對女性的時候，是不是以同樣的誠意，沒有一點歪念與對方進行交往？是不是經常對女人居心叵測，布下陷阱，讓善良的女人跳進你的圈套？

　　如果是這樣，最好還是仔細思考女人真正需要的是情慾，還是友情。

兩性純友誼，能讓關係更親密

女人從女性朋友身上得到的情感是感情上的支持，但從男性朋友身上得到的，卻是一種女人渴望的安全感，這是女性朋友無法給予的安心、穩重的感覺。

異性朋友是女人一生中的一筆小小的財富，女人也應該為自己擁有的這筆小財富而自豪。

男女間的純友誼能讓彼此的相處更為輕鬆，因為，男人不必為了讓女人安心而說些花言巧語式的謊話，女人也不必為了顧及男人的自尊心而說些言不由衷的假話。

女人是希望自己有異性朋友的，而且很多女人最初也會有幾個異性的朋友。然而，通常女人步入結婚殿堂，或者與她關係密切的那個男人，最終成了她的情人，以後她與其他異性朋友的友誼就會中斷了。

這種情形非常普遍，究其原因，可能是因為她最初和異性交往，就是為了尋找和挑選意中人，目的達到後，多餘的異性關係也就成了累贅。或者也可能是她擔心自己和其他異性之間的交往，會影響她的美滿愛情關係，尤其是一些害怕男友或丈夫吃醋的女人更有這樣的顧慮。

事實上，同時與很多男人做好朋友，對女人來說是一件很好的事情。

首先，這樣可以有效地減少女人對某一個特定男人的依賴，或者避免為了找到這樣一個供她依賴的男人而奮不顧身地拼命。

男人和女人之間，不一定非得做了情人或夫妻才能成為「最好的朋友」。與很多男人成為朋友，比起夫妻的關係具有更多優點，例如互相之間不會相互指責，不會想著佔有對方，更不需要費力地討好對方。

女人對與自己很要好的男性朋友，一般很少有顧慮。她們甚至可以拋開性別的禁忌，無拘無束地談論自己最隱秘的思想和情感，並且也不用擔心這種情感是否會影響到自己的愛情或婚姻。

男性朋友們大多會不帶任何評判和責備地傾聽女人對他們的傾訴，同樣的，女人也會以相同的方式對待自己的男性朋友。

男人們不要覺得迷惑，女人與男人之間談論的話題可並非都是愛和性。

一個女人可以從她的男性朋友那裡學來很多東西，這些可能是同性朋友不能給予她的。

比如釣魚，多半是男性比較喜歡的活動，女人就可以從她的男性朋友那裡學到很多釣魚的常識，也能讓她們接觸嶄新的世界，開闊她們的視野。

女人還會從男性朋友那裡得到「男性的秘密」。這些東西，也許是她無法從其他人那裡獲得的資訊。

女人可以透過男性朋友們瞭解男人的想法和感覺，以及他們對不同問題的看法。並且女人還不必為到底該和誰約會而大傷腦筋，她可以和很多男人自然很好地交談，並由此得到很多樂趣。

女人從女性朋友身上得到的情感是母性的、溫暖的，是感情上的支持，但從男性朋友身上得到的，卻是一種女人渴望的安全

感，這是女性朋友無法給予的安心、穩重的感覺。

當然，男女交往過程中，的確會涉及到愛與性的問題，這也是男女相處之時，一個不小的障礙。

當一個男人遇到一個女人時，性確實有潛在的可能，但這並非不可避免。此時就要看男人的心態，如果這個男人也希望將女人當作自己很好的朋友，而非成為情人，那麼相信他是可以控制自己的慾望的。

情人與朋友之間的界線若能清楚劃分，就能了解並非一定要先做情人，才能成為最好的朋友。

「藍顏知己」守護女人的秘密

藍顏知己，是女人生命中的財富！在滾滾紅塵中，與一個沒有感情糾葛的男人交往，彼此有著那樣多的共同語言，有種心靈相通的感覺。

「成功的女人在擁有一位優秀丈夫的同時，還應該有一位藍顏知己。」這是時尚女性在網路聊天室中最新流行的話題。

當男人們崇尚紅顏知己的時候，藍顏知己也開始在女人圈中悄悄風行。

所謂「藍顏知己」，就是女人在朋友之上、情人之下，比友誼延伸許多，但到了愛情卻戛然而止的男人。藍顏知己顯然不同於愛人，愛人可以毫無理由地相愛，而藍顏知己卻是萬萬不能的。

現代的女性要扮演的角色越來越多，在精神上很需要一些強有力的支援。

不論是男人還是女人，內心深處都或多或少地珍藏著一些不為人知的秘密。結了婚的女人更是如此，有些話對丈夫是不能說的。因此，如果有一個知心朋友，一個可以無所顧忌、暢所欲言的藍顏知己互相交流，哪怕是他一言不發，但只要讓女人自由自在、酣暢淋漓地盡情傾訴，那麼對女人來說也是種莫大的安慰和愉悅了。

也許每個女人的內心都幻想遇上這樣一個知己，他應該是一

個思想成熟的男人，具有一種兄長般的氣度，女人可以與他暢談生命中的種種問題，卻永不涉及情愛，甚至可以在感到疲憊時，安心地靠在他的肩膀上，也不必擔心他有任何不良企圖。

當女人情緒低落時，打個電話找他喝幾杯，心情好的時候約他看一場電影，他也絕不會誤解為這是愛的信號。

他們或許都有自己的家室、自己心愛的人，但雙方都知道彼此只是很好的朋友、很交心的知己。他就只像午夜的咖啡一般，為女人緊繃的日子，帶來幾許輕鬆的空間和色彩。

藍顏知己和老公、男友之間最大的區別在於，在藍顏知己的面前，女人想哭就哭，想笑就笑，不必刻意掩飾自己，更不必惺惺作態，不用擔心自己是不是舉止優雅端莊。

即使有時說錯話、做錯事，他也會以豁達大度的心態包容，以欣賞的姿態善待。於是女人在生活中那種沉重的面具，便自然而然地煙消雲散，深藏的真心也有機會呼吸自在的空氣。

對於藍顏知己，女人也不必關心他的起居飲食、他的工作、他的情緒，更不用花心思為他準備意外的驚喜，更無需哄他開心，有時甚至還可以在他面前發發脾氣，使使性子。

在伴侶眼裡，溫柔賢良、說假話讓男人開心是女人應有的表現，而在藍顏知己面前，根本不需要顧慮這些，可以盡情說自己想說的話。有這樣的朋友，女人會覺得非常愉快。

擁有藍顏知己的女人應該算是幸運的女人，與一個沒有感情糾葛的男人交往，彼此有著那樣多的共同語言，有種心靈相通的感覺。

在滾滾紅塵中，用深沉的感情互相照看，使彼此有機會冷靜地換一種眼光看待自己，同時更深入地瞭解世界。

不必聽男人為了討好自己所說的美麗謊言，更不必為了討好男人而說些違心的假話。藍顏知己，是女人生命中的財富！

如果女人有幸遇上一個好的藍顏知己，可能永遠也不想讓自己的另一半知道他的存在，只想把他珍藏在心底的某個角落。對他，不必時時掛念，只需在寂靜的時空會偶爾想起，然後悄然一笑；在寂寥的日子裡，會打個電話問候，發個簡訊短信交談。

不能和對方走得太近，因為一旦跨越了那條界線，就會失去這個知己。

但是，在這個燈紅酒綠的世界裡，女人要找到這樣一個藍顏知己的可能性，幾乎微乎其微。

男人和女人之間似乎很難維持真正的友誼，即使達到知己的地步，在旁人眼中，看來也是曖昧的。

當男人對一個沒有血緣親情的女人表示深深關切的時候，可能很難說清心裡的感覺，也許在他們的內心深處，始終珍藏著她的位置，這可能是純潔的友誼無法解釋的。

於是，就會牽扯出絲絲游離於愛情和友情之間的情懷，讓當事者就好像站在鋼索上，一不心就會把持不住，跌入另類情感的深淵中。

如果真的希望成為女人的藍顏知己，那麼男人應該有足夠的勇氣與自信。男人要是沒有只將女人作為朋友的把握，最好還是不要自告奮勇擔當這個角色。

女人的叨唸是一種愛的表現

 女人嘮叨無非是出自對於男人的信任和愛，如果想要解決女人的嘮叨問題，就不要創造嘮叨的條件，讓女人也感受到你的關心和愛。

很多男人肯定都領教過女人嘮叨的功夫，並大都對此感到厭煩。實際上，女人嘮叨無非就是怕你忽略她，想跟你多溝通。

女人的嘮叨幾乎是天性，也是婚姻與家庭的產物，更是賢妻良母的特長和為人妻子的專利。

想當初，擁有一大群女性朋友，不高興的時候，可以跟朋友傾訴，高興的時候，可以找朋友慶祝；結婚後，很多女人的朋友幾乎就剩下丈夫。

那麼，當女人高興或不高興的時候，想到的傾訴對象就是丈夫，所以男士們對此應該給予充分的理解。

女人的嘮叨也是一種愛的表現，她把自己濃濃的愛意包藏在嘮叨裡，不時地向男人發射愛的子彈。

她只是想表達她對你的在乎，她希望你能夠與她一起分享生活中有趣的事，同時也希望你能在乎她的感受，為她解決身邊的難題。於是女人常常會嘮叨得刻骨銘心，嘮叨得淒淒慘慘，嘮叨得泣泣有聲。

在有些男人的眼裡，女人的嘮叨也許是唐僧的「緊箍咒」，

但在另外一些男人眼裡，也許會認為，一生中最浪漫的事情，莫過於聽著老婆的嘮叨，並與她攜手慢慢白頭。

男人若是換個角度來看，就能不再困擾於女人的嘮叨。

婚姻生活久了就會平淡如水，水波不興，索然無味。女人的嘮叨就像一首歌，讓你感到生活中有高潮波浪，有低音迴盪，有曲折起伏，滋味滿溢。

女人在嘮叨中把飯菜做得噴香誘人，女人在嘮叨中把家庭裝扮得溫馨亮麗，女人在嘮叨中把日子打理得多姿多彩，女人在嘮叨中把婚姻捆紮得嚴嚴實實。生活也因女人的嘮叨而變得精彩豐富而充實。

女人嘮叨的內容，大多數都是家庭中時常發生的瑣事，通常男人都認為無關緊要。

正因為男人們認為是小事情，所以不會花費心思去注意，更懶得與妻子討論如何解決。

但是，這種態度無形中傷害了女人的心，女人會認為這是丈夫不愛自己，不願意溝通了，否則為什麼這麼瑣碎而簡單的問題，對於一個男人來說這麼困難呢？

對於結了婚的女人來說，家就是她的生命，丈夫也是她唯一的朋友，她精心規劃、呵護著家中的一切，家中的每一個角落都凝聚著她的情感，所以家中的一切事情都逃不過她的眼睛。

一旦覺得丈夫忽略了自己的感受，看似不再重視自己，女人便會感到不安全，不踏實，於是她便想與丈夫溝通，試探一下丈夫對自己的態度。如果此時你仍然不理不睬，那麼女人會感到孤獨和傷心。

　　其實，男性之所以不喜歡女人嘮叨，也許問題的關鍵並不是嘮叨這件行為本身，而是女人說的男人不喜歡聽而已。如果她滔滔細數的都是男人的優點，或是兩人之間的愛，想必男人不會對此感到厭煩。

　　女人嘮叨無非是出自對於男人的信任和愛，如果想要解決女人的嘮叨問題，就不要創造嘮叨的條件。

　　下班之後，主動與妻子說說話，平時多與她聊聊天，對她的問題給予適當的建議，此外，也可以在合適的時候跟她談談嘮叨的問題，讓女人也感受到你的關心和愛，你想她還會天天嘮叨個沒完沒了嗎？

試著改變心態，讓你的生命擺脫陰霾

改變心態，
就能
改變事態

Change your mind
and you can change things

千江月 著

法國文豪羅曼羅蘭說：
人生原是與苦俱來的，不要沮喪人生的痛苦，應該在痛苦中學習、修養、覺悟，在苦難中發現我們內蘊的寶藏。

要感謝上天賜給你的苦難，不要一遇到瓶頸就選擇沮喪退縮，
也不要悔恨已經無法改變的過去。
事實上，生命中處處都是機會，失意或挫折也許正是機會的另一種變身。
改變心態可以重新塑造自己，也可以改變事態的發展。
要使生命擺脫陰霾，應該試著改變心態，將阻擋自己的人生苦難，化為追求生命喜悅的動力，
不要遭遇不幸躲在陰暗的角落裡自憐自艾。

生活講義

122

你一定要學的撩妹心理學

作　　者　凌　雲
社　　長　陳維都
藝術總監　黃聖文
編輯總監　王　凌
出 版 者　普天出版家族有限公司
　　　　　新北市汐止區康寧街 169 巷 25 號 6 樓
　　　　　TEL / (02) 26921935 (代表號)
　　　　　FAX / (02) 26959332
　　　　　E-mail：popular.press@msa.hinet.net
　　　　　http://www.popu.com.tw/
　　　　　郵政劃撥 19091443 陳維都帳戶
總 經 銷　旭昇圖書有限公司
　　　　　新北市中和區中山路二段 352 號 2F
　　　　　TEL / (02) 22451480 (代表號)
　　　　　FAX / (02) 22451479
　　　　　E-mail：s1686688@ms31.hinet.net
法律顧問　西華律師事務所・黃憲男律師
電腦排版　巨新電腦排版有限公司
印製裝訂　久裕印刷事業有限公司
出 版 日　2018 (民 107) 年 9 月第 1 版
I S B N◉978-986-389-532-9　　條碼 9789863895329
Copyright◎2018
Printed in Taiwan ,2018 All Rights Reserved

國家圖書館出版品預行編目資料

你一定要學的撩妹心理學／

凌雲編著. —第 1 版. — : 新北市, 普天出版

民 107.09 面；公分. - (生活講義；122)

ISBN◉978-986-389-532-9(平裝)

CIP◉177.2

普天之下・還是好書
普天出版社
Popular Press